董延寿 著

千古女皇

武则天

权谋天下，智驭乾坤

北方文艺出版社
·哈尔滨·

U0754770

图书在版编目（CIP）数据

千古女皇武则天 ：权谋天下，智驭乾坤 / 董延寿著.
哈尔滨 ： 北方文艺出版社, 2025. 9. -- ISBN 978-7
-5317-6742-8

Ⅰ. K827=421

中国国家版本馆CIP数据核字第2025TK4856号

千古女皇武则天：权谋天下，智驭乾坤

QIANGU NÜHUANG WUZETIAN QUANMOU TIANXIA ZHIYU QIANKUN

作　　者/董延寿

责任编辑/宋雪微　　　　　　　　　　装帧设计/尚书堂

出版发行/北方文艺出版社　　　　　邮　　编/ 150010

发行电话/（0451）86825533　　　　经　　销/新华书店

地　　址/黑龙江省哈尔滨市道里区田地街106号　　网　　址/ www.bfwy.com

印　　刷/北京亚吉飞数码科技有限公司　　开　　本/ 880mm×1230mm 1/32

字　　数/ 180千　　　　　　　　　　印　　张/ 8.5

版　　次/ 2025年9月第1版　　　　　印　　次/ 2025年9月第1次印刷

书　　号/ ISBN 978-7-5317-6742-8　　定　　价/ 58.00元

前 言

　　千年前，一位女子以过人的胆识冲破种种桎梏，以铁血手腕扫清种种障碍，以洞彻古今的权谋智慧在杀机四伏的朝堂斗争中脱颖而出，最终，她坐镇江山，挽袖执笔，挥毫泼墨，在历史的卷轴上书写下一段波澜壮阔的史诗故事。她便是千古女帝武则天。

　　武则天自幼容貌出众，聪慧绝伦，且心智坚韧，见识宏阔，在志趣、格局上都与寻常闺阁女子截然不同。当父亲猝然离世、家族内部动荡分裂时，她于乱局中冷静地审时度势，默默积蓄着力量。初入后宫，她受尽冷落，在寂寥岁月里，她暂敛凌云之志，隐忍蛰伏，低调学习，而这些难熬的经历都为她日后的传奇人生埋下了伏笔。

　　再入宫廷，她如一朵凌霄花，破土而出，凌空绽放。她深谙"独木难支，众擎易举"的道理，于是广结善缘，编织紧密的关系网。面对波谲云诡的后宫局势，她既能抓住先机、主动出击，又善于分析形势、理清思路，朝着自己的目标循序渐进、徐徐图之，于是，在步步为营的谋划中，她的羽翼越发丰满。

从入主东宫、母仪天下，到二圣临朝、共掌乾坤；从瓦解关陇集团到提出"建言十二事"、设立"北门学士"，她的每一步都走得稳健而果决。改立太子、大力平乱、破格用人、广开言路……她的每一个决策都充满智慧与魄力，为一代女皇崛起之路奠定了坚实的根基。

武则天的帝王之术同样凝聚着智慧，这体现在其对人才的破格任用、大胆革新上。她在科举制度中引入殿试、武举，让寒门子弟与权贵之后有了公平竞技的机会；她培养女官，让身负才能的女子走出闺阁、步入朝堂，共同参与决策国家大事。这位千古女皇立于权力巅峰，挥动手中的权力之剑，斩断的不仅是腐朽的旧制、门阀的垄断，还有千百年来的偏见。

她教会我们，若陷于困境，就耐心蛰伏，坚定信念、积蓄力量，在机遇来临时迎难而上、果断出击；她教会我们，身处纷乱的局势，要善用斡旋、平衡之道，面对重大抉择，要始终保持慎重、清醒与豁达；她教会我们，顺应"适者生存"的生存法则才能让自己变得更强大，懂得知人善任的用人智慧方能如虎添翼；等等。历经千年，武则天的智慧仍然带给今人无限的启发，足以照亮今人前进的道路。

作者

2025 年 4 月

目 录

第一章

武家少女：心有所向，初露锋芒

少女时代的武则天才智过人、隐忍坚毅，表现出了非同寻常的品格。入宫之后她不断学习和探索，逐渐开启了她的传奇之路。

　　提起武则天，人们对她的印象往往是地位尊贵、气场强大的女强人。事实上，这位武周王朝的女皇帝从少女时期开始就展现出了与众不同的气质和品格。一个偶然的机会，武则天入宫成了唐太宗的才人，但宫中的生活远没有她想象中那么简单，为此她做出了诸多努力和探索，学会了许多生存的智慧。在武则天初入宫廷的十多年里，一个远大的目标在她的心中逐渐萌生。

武家有女初长成

唐高祖武德七年（624 年）的长安城里，工部尚书武士彟的夫人杨氏诞下了一个娇俏可爱的女孩，这个女孩就是未来武周王朝大名鼎鼎的女皇帝武则天。武则天出生以后，武士彟特别高兴，因为大唐王朝刚刚建立不久，自己仕途通达，如今又有了一个女儿，家里人丁越来越兴旺，喜事不断，自然心情大好。

在历史上并没有明确记载武则天童年时期的名字，人们熟知的"武曌"是她在称帝前后出于政治目的给自己取的名字，而"则天"是后来的唐中宗李显给这位女皇帝上的尊号，对于后世来说，"武则天"这个名字更为耳熟能详。

武则天出生于长安，但长安并非她的祖籍。武家原籍是并州文水（今山西省吕梁市文水县），家族渊源虽深，却并不是什么贵族，到了武士彟这一代与普通百姓无异。武士彟是一个有理想的人，他不想碌碌无为地生活，而是想成就一番大事业。为此，他做出了很多尝试，后来他经商获得了很大的成功，积攒了许多钱财。但金钱、财富并不是武士彟所追求的终极目标，他希望自己能够建功立业，实现抱负，为此他做了一个大胆的决定——从军。武士彟与时任太原留守的李渊熟识，便投在了李渊的麾下并逐渐成了军队中的骨干。李渊就是后来的大唐开国皇帝，他担任太原留守时还处于隋朝末年隋炀帝杨广的统治之下。大业十四年（618年），杨广巡幸江都时被宇文化及弑杀，整个国家陷入一片动乱。李渊当机立断，决定起兵夺取天下。武则天的父亲武士彟认为这是一个千载难逢的好时机，他不仅追随李渊征战南北，还将自己丰厚的资产贡献出来支持李渊的大业。因为他认真分析了当时的各方割据势力，李渊不仅实力最强，且具有出色的才干和勇略，自己鼎力支持李渊，到了天下平定之后，自己便是开国功臣，多年追求的理想抱负便能实现。果然，李渊顺利夺取天下并建立了唐朝，武士彟功不可没，官至工部尚书并被封为应国公，一家人也从并州文水搬到了都城长安。

武士彟共有两任妻子，第一任妻子相里氏为他生了两个儿子，分别取名为武元庆、武元爽，他们是武则天同父异母的哥哥。相里氏去世后，武士彟又迎娶了第二位妻子杨氏，杨氏为他生了三个女儿，武则天排行老二。关于武则天的童年史书记载较少，但《新唐书》中有这样一个故事：

武则天之幼，天纲见其母曰："夫人法生贵子。"乃见二子元庆、元爽，曰："官三品，保家主也。"见韩国夫人，曰："此女贵而不利夫。"后最幼，姆抱以见，绐以男，天纲视其步与目，惊曰："龙瞳凤颈，极贵验也；若为女，当作天子。"

这个故事说的是一个名叫袁天纲的相面大师曾为武家的孩子们相面，他说武元庆、武元爽兄弟将来能够官至三品，可以保证家族安稳，但不会有特别大的成就。武则天的姐姐以后会十分尊贵，但她会对自己的丈夫不利。当武则天被抱出来时，袁天纲以为是个男孩子，见到她的样貌尊贵无比，大吃一惊，说如果是个女孩子，以后会成为天子。武家人也十分惊愕，这显然是对当今天子不敬，之后没有人敢再提这件事了。

童年时期的武则天接受了良好的家庭教育，母亲杨氏贤良淑德，尽心尽力地照顾着一众兄弟姐妹，父亲武士彟则要求他们刻苦读书，将来成为大唐的有用之臣，光耀门楣。武则天在这一时期生活比较安定，读书也非常用功，在很小的年纪就通过博览群书开阔了眼界，这为她以后性格的形成和能力的提升打下了坚实的基础。

在武则天出生后，武士彟先后就任检校扬州都督府长史、豫州都督、利州都督、荆州都督，武则天在跟随父亲官职调动的过程中也逐渐成长为一位活泼可爱的少女。然而天有不测风云，贞观九年（635年），已经禅位于李世民的太上皇李渊驾崩，这一变故给武家带来了前所未有的打击。

具备战略眼光，有效把握机遇

　　武则天的父亲武士彟出身低微，据史书记载他的兄弟是普通农民，他自己不甘平凡进行了诸多尝试，后来经商大获成功。但是在古代，商人虽然拥有一定的财富，但是社会地位不高，武士彟为了改变命运毅然从军，体现了他的勇气。尤其是在隋朝末年天下大乱之际，他以超乎常人的战略眼光选定了李渊，决意追随李渊并且将家财献给李渊夺取天下，做出了一个大胆且极具投资眼光的决定。随着大唐的建立，武士彟也走上了人生的巅峰。

　　如今，我们身处不断变化的信息时代，机遇和挑战同时存在，要想赢得竞争，脱颖而出，除了要具备深厚的知识和出色的技能，还要具备敏锐的洞察力和预测能力，才能及时把握机遇，有所作为。这需要我们做到以下两点。

　　首先，不要只关注于眼前一时的得失，而应放眼未来。无论是个人的发展规划，还是企业的发展之路，都应提前布局，并且要敢于尝试和创新。其次，要培养敏锐的洞察力，能够从杂乱的信息中提取出核心内容。而这则需要我们不断丰富知识，锻炼思维能力，开阔视野，从而能够发现和抓住机会。

　　人的一生会面临很多选择，只有具备战略眼光，才能快速决策，抓住机遇，实现自我超越，而不是面对选择举棋不定，错失良机。

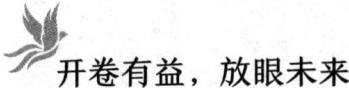

开卷有益，放眼未来

    童年时期的武则天在家庭的熏陶下博览群书、刻苦学习，这为她日后成就的取得奠定了基础。可以说，阅读有一种潜移默化的力量，能够塑造人的品格，提升人的才华，丰富人生。

    大量阅读有助于儿童身心更好地发育，正所谓"开卷有益"，孩童时期刻苦努力地读书学习，往往使人在成年之后受益良多。对于成年人来讲，也应该让读书成为一种习惯，通过大量的阅读汲取丰富的知识，开阔眼界，拓展思维，未来也必将从中受益。尤其是公认的好书，常读常新，在不同的人生阶段，都会给人带来深刻的启发。

困境之际，要懂得隐忍并寻找出路

　　唐高祖武德九年（626年），李渊决定禅位于李世民，自己做太上皇。由此，唐太宗李世民开创了自己长达二十多年的"贞观之治"。

　　贞观九年（635年），太上皇李渊驾崩的消息传到了荆州都督武士彟那里，武士彟悲痛欲绝，一病不起。李世民专门派名医为他诊治，仍然不见效。武士彟回想起自己与李渊起兵的时光，对这位太上皇无比怀念，伤心过度，最后竟然呕血而死。武士彟的去世对武家人造成了重大打击，他们扶灵柩回到了老家并州文水处理武士彟的丧事。李世民十分看重这位开国功臣，他命并州都督李绩主持料理武士彟的丧事，并且追赠武士彟为礼部尚书。

　　丧事料理结束后，武家人今后的生活成了最大的问题。并州老家虽然有武家同族人，但他们对于武士彟留下的孤儿寡母并不怎么欢迎。武则天同父异母的两个哥哥武元庆、武元爽也与武则天母女发生了矛盾，毕竟杨氏并非他们的生母，武则天姐妹也不是他们的亲妹妹。面对这种局面，武则天暗下决心，要自己寻找出路，摆脱当前的困境。

武则天与母亲商议这件事时，母亲跟她说杨氏家族里有人在宫里做嫔妃，由此计划让武则天走进宫选秀之路。于是杨姓嫔妃开始在宫中宣传武则天的美貌，这一消息很快就传到了唐太宗的耳朵里，唐太宗兴致颇高，决定征召武则天入宫当才人。

贞观十一年（637年），十四岁的武则天带着逆天改命的信念入宫成了唐太宗的五品才人。告别的时候，杨氏非常伤心，她担心女儿在宫中受委屈，所以非常不舍，但武则天却对她说，您怎么知道去见天子不是一件好事呢？可见，武则天是充满希望地入宫的。

唐朝的后宫有明确的等级，皇后是至高无上的存在，皇后之下有妃四人、嫔九人、婕妤九人、美人九人、才人九人，以下还有宝林、御女、采女等各二十七人，由此可见，作为五品才人的武则天想要在众嫔妃之中获得唐太宗的青睐绝非易事。武则天最初进宫的时候确实得到了唐太宗的关注，唐太宗还给她取了一个名字叫"武媚娘"，但毕竟后宫佳丽三千，很快他就将武则天淡忘了。武则天是带着改变命运的信念进宫的，她决不允许自己在后宫平淡地生活下去，所以她一直在寻找机会在皇帝面前表现自己。

坦然面对变化，塑造强大内心

自从武则天父亲去世之后，武家家道中落，武则天母女还受到了家族成员的排挤。当初父亲是朝廷大员的时候这些人攀附还来不及，但武士彟去世后他们就露出了真面目。面对这样的变故，武则天并没有跟他们计较，而是坦然面对，以大局为重，承担起了家庭的责任。

平和的心态是一种智慧。当我们遇到困难时，也要有平和的心态。首先，没有必要怨天尤人，抱怨只会让我们在困境中越陷越深，我们无法改变他人的态度和想法，要做的就是保持内心的平和，坦然面对。其次，要塑造强大的内心，这需要我们在日常不断修炼，不断提升自己，不被困难吓倒，不被外界干扰，坚定自己的内心，努力奔向前方。

只有遇事足够坦然，内心足够强大，才能产生不断的勇气和动力，成为真正的强者，奔向更好的未来。

面对困境，积极寻求突破

　　武士彟的突然离世给武则天的家庭带来了重大变故，一家人的生活和处境陷入了困难。此时的武则天依然没有消极和沮丧，而是隐忍坚毅，并等待时机，寻求突破。终于，武则天决定进宫选秀，在困境中找到了突破口。

　　武则天的这种精神和品质值得我们每个当代人学习。面对生活中的各种挑战，我们不能自暴自弃，而是要勇敢地跳出舒适区，去求新求变，探索未知的可能性。

　　而这需要我们具有冒险精神，就如同武则天在困境中选择入宫一样，抓住任何一次转机，进而果断行动。同时，要坚定信念，矢志不渝，朝着既定的目标前行。

武则天与唐高宗雕像

驯马事件中的智慧

唐太宗李世民早年征战疆场，非常喜爱战马。有一次，他得到了一匹好马，这匹马身上有卷毛，像一头狮子，于是给它取名为狮子骢。狮子骢膘肥身健、高大雄壮，唯一让唐太宗烦恼的是它的性子太烈，没有人能够驯服它。为此，唐太宗多次观察这匹烈马，想要找到降服它的办法。

唐朝的社会风气比较开放，女子不会被过多的条条框框所限制。一天，唐太宗又一次来了兴致，想再去看看他的狮子骢，并且他带上了后宫的各位嫔妃，武则天也在其中。唐太宗对自己的嫔妃们说，这匹马是良马，但是由于它性烈，到现在都没能够驯服它，你们有什么好办法吗？后宫的佳丽们对于驯马的学问一窍不通，一时间鸦雀无声，大家生怕说错了话惹得李世民不高兴。

这时，武则天鼓起了勇气，向唐太宗说自己有办法驯服狮子骢。唐太宗听她这么一说，非常好奇，问武则天是什么办法。武则天语出惊人，说自己驯服此马只需要三样东西，分别是铁鞭、铁锤和匕首。唐太宗感到非常疑惑，如何用这些东西来驯马。武则天解释道，这匹烈马非同寻常，要用特殊手段才能制服。首先用铁鞭抽打它，如果它不听话就用铁锤敲击马头，如果还是不听话那就只能用匕首捅它了。唐太宗听了武则天的回答，非常惊讶，没想到她小小年纪竟然能想出这么狠毒的办法。虽然没有得到满意的答案，但念在武则天勇气可嘉，唐太宗也没有怪罪她，这件事便不了了之了。

很显然，武则天这次毛遂自荐表现自己并没有得到唐太宗的欣赏，但引起了唐太宗的注意，这是武则天想要达到的最重要的目的，这件事也体现出了武则天过人的胆识和智慧。

武则天

（624—705 年），名曌，并州文水（今山西省吕梁市文水县）人，唐高宗皇后、武周皇帝，唐朝开国功臣武士彟之女。足智多谋，才华出众。十四岁入后宫为唐太宗的才人，唐高宗即位后初为昭仪，后被立为皇后。逐渐参与朝政，加号"天后"，后自立为皇帝，改国号为"周"，史称"武周"。神龙元年（705 年）退位，唐中宗复辟，尊其号为"则天大圣皇帝"，后遵其遗命，改称"则天大圣皇后"。

毛遂自荐，善于推销自己

在驯马事件中，武则天在众嫔妃面前自告奋勇，敢于大胆表达自己的观点，并最终引起了唐太宗的关注。虽然武则天的回答并没有让唐太宗满意，但至少让唐太宗记住了她。武则天也许知道自己的驯马方法并不合适，但她更重要的目的是让唐太宗认识自己。

在现代社会中，各种竞争异常激烈，人们更需要有毛遂自荐的精神。无论是在求职还是具体工作当中，勇敢表现自己、善于推销自己的人往往更能得到他人的关注。当面对机遇的时候，我们首先要有敢于表现自己的勇气，同时还应该制定出合理的实施方案，机遇总是留给有准备的人的，这样的人往往更能得到别人的赏识。

也许我们并不能做到事事完美，但敢于表现自己的人永远要比那些一言不发的人更容易获得机会。

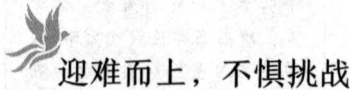

迎难而上，不惧挑战

唐太宗向众嫔妃询问驯马的方法，可以说是给大家出了一道难题，嫔妃们深居后宫对于驯马一窍不通，对于武则天来说同样如此。但是武则天并没有像其他人一样面对困难直接退缩，而是勇敢地向唐太宗表达了自己的想法，这体现了她勇于接受挑战、积极寻求解决问题方法的精神。

虽然武则天的驯马方案欠妥当，但这也是她仔细观察、认真思考之后得出的结论，不失为一种创新，从这一层面来讲仍然具有积极意义。

对于当代人来说，也应具备武则天这种勇气和决心，敢于面对生活或工作中的种种挑战。首先，在面对生活或工作中的难题时，不要退缩，要迎难而上，敢于挑战。其次，在探究问题的过程中要发散思维，敢于提出新的方法，用创新的思维解决问题。只有具备了迎难而上的精神，有了敢于挑战的勇气，才能在时代的洪流中更好地驾驭自己的人生。

不被赏识，就低调学习

　　一入宫门深似海，武则天的后宫之路走得并不顺利，唐太宗勤于政务，加之嫔妃众多，武则天根本没有得宠的机会。武则天入宫后，当了十多年的才人，既没有获得更高的位分，也没有得到唐太宗的赏识，这十多年似乎成了一段蹉跎岁月。

　　然而，从入宫那一刻起，武则天时刻都没有忘记自己最初的信念，既然不被赏识，她决定韬光养晦，虚心学习，不断充实自己，以寻求更好的发展机会。她利用宫中丰富的藏书资源，苦读典籍，提升自己的各项素质。长期生活在宫中，武则天还学会了与他人的相处之道，懂得了许多处理人际关系的方法，她不仅深谙人情世故，也看到了宫廷里的钩心斗角，以及残酷和黑暗，用亲身经历获得了重要的生存智慧。

　　除了自己暗中努力，武则天还善于虚心向他人学习。与武则天差不多同一时期入宫的还有一位名叫徐惠的才人，两个人年龄相

仿，但命运却完全不同。徐才人由于精通文墨，性格贤淑，很快就
得到了唐太宗的恩宠，晋升为三品婕妤，之后又晋升为充容（九嫔
之一），武则天却始终是一个五品才人。后来武则天了解到，这位
徐充容八岁便能写诗作文，名声在外，唐太宗正是因为这一点才格
外欣赏她。于是武则天见贤思齐，决心刻苦用功，努力提升自己诗
文写作方面的造诣。

在唐太宗晚年时期还发生过一件对武则天十分不利的离奇事
件，当时民间盛传"女主武王"的流言，说的是唐代经历三代男性
皇帝之后，将会出现一位姓武的女皇帝取代李唐王朝。这个事情很
快就传到了唐太宗的耳朵里，让他非常气愤。唐太宗想，在自己的
统治之下大唐国泰民安，出现了贞观之治的盛世，怎么会有这种谣
言流传。唐太宗将负责天文历法的太史令召到宫中，向他询问情
况。太史令说他夜观星象，确实发现了这个情况。唐太宗准备将这
个人查找出来，除掉这一隐患，但太史令说，如果上天有这样的旨
意，即便杀掉一个还会出现另一个，三代皇帝之后这个女人的年龄
已经很大了，未必会对大唐造成严重威胁，不如随他去吧。唐太宗
听从了太史令的建议，但心中感到非常不舒服。

当时有一个叫李君羡的人担任左武卫将军，镇守在玄武门。李
君羡是洺州武安（今河北省武安市）人，早年跟随唐高祖李渊、唐
太宗李世民一起征战，战功赫赫，唐朝建立后被封为武连县公。唐
太宗一直对"女主武王"的流言耿耿于怀，而这个李君羡无论是出
身、官职还是封号都带有"武"字，唐太宗对他就越来越反感。后
来有一次唐太宗宴请各位武将，闲聊之际他听说李君羡还有个小

名，竟然叫"五娘子"，这令唐太宗感到特别不安。"五娘子"这个名字不仅有"武"的读音，还是个女人的名字，正好与"女主武王"的流言相吻合，唐太宗心生忌惮，很快就给李君羡安了个罪名，将他处死了。因为有了这个替死鬼，武则天平平安安地躲过了一劫。

武则天在唐太宗的后宫生活了十多年，还没来得及实现自己的理想，唐太宗就去世了。作为太宗皇帝的才人，武则天将面临她一生中极灰暗的时刻。

┌ 唐太宗 ─
（599—649 年），即李世民，唐高祖李渊次子，唐朝第二位皇帝，政治家、战略家、军事家、书法家、诗人。在位期间虚心纳谏、国泰民安，开创"贞观之治"。

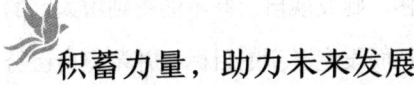 积蓄力量，助力未来发展

武则天作为唐太宗的才人长达十多年，自己的位分并没有得到升迁，从这一层面来讲她似乎是一个失败者。但武则天自己并不因此灰心丧气，因为她知道在后宫，位分是皇帝赋予的，但自身的各项素养可以通过自己努力学习而获得的，所以她苦读典籍、提升诗文水平，并潜心揣摩深宫里的生存之道，为以后的发展奠定了坚实的基础。

现实生活中，绝大多数人都要在平凡中度过自己的一生，但我们不应该甘于平凡。尤其对于年轻人来讲，要树立一种不断学习的意识，即便是在某段时期内自己并不得志，也不应该停止学习。要知道，付出的每一分努力都会让你有所收获，日积月累，你的能力和素质会有一个质的飞跃。也许这些才能不能随时帮你解决难题，但一定能在未来的某个时刻对你个人的发展产生巨大的推动力。

清醒自知，合理设定目标

武则天在宫中做了十多年的才人，在这段岁月里她的心路历程

发生了明显的变化，一开始她抱着改变命运的信念入宫，希望得到皇帝的宠幸。但随着时间的推移，她发现自己并不能得到唐太宗的欣赏，由此她也认清了自己，从而设定了新的目标，并调整自己努力的方向。

人贵在清醒自知，只有对自己有充分的认识才能做出正确的、适合自己的选择。一个人的发展、成长之路会面临许多抉择，随着对自己的不断了解及周围环境的客观变化，最初的选择有可能并不是最佳的方案，因此我们在探索、努力的过程中应始终保持清醒，找准自己的定位，同时适时对目标做出调整，让自己沿着正确的轨道不断前行，促进自己的发展。

适者方能生存

贞观二十三年（649年），唐太宗李世民驾崩，这位身怀雄才大略、创造了"贞观之治"的皇帝从此退出了历史舞台。继承皇位的是唐太宗的第九个儿子李治，也就是唐高宗，他继位时比较年轻，由重臣长孙无忌和褚遂良辅政。

按照古代的惯例，皇帝去世后要对后宫进行妥善安置，地位较高的妃、嫔通常能够留在宫中或者跟随子女到宫外居住，生活不会受到太大影响。但是像武则天这一类地位不怎么高的美人、才人等就要被安排到先帝修建的寺院或道观中当尼姑或者女道士，武则天就被安排到了长安城的感业寺出家为尼。

在外人看来，作为先帝的才人，被安排进寺院修行已经注定了一生的结局，未来的日子没有什么希望可言，不过是与青灯古佛为伴，了此残生。但武则天不这么认为，她坦然接受了现实，暗中又有自己的打算。因为她已经找到了一个突破口，就是唐高宗李治。

　　武则天之所以如此自信，是因为在唐太宗病重期间，作为太子的李治经常在唐太宗的病榻边照顾他，武则天也因此有机会与李治多次接触。让人意想不到的是，李治和武则天之间互生好感。受伦理限制，两个人不能光明正大地走到一起，但这份情愫是心照不宣的。武则天比李治大四岁，心智上更加成熟，她一边在感业寺诵经礼佛，一边盘算着自己的计划。

　　转眼间唐太宗一周年的忌日就到了，这也是武则天实施计划的第一步。她猜测李治一定会到感业寺祭拜先帝，就提前在李治的必经之路等他，制造了一场人为的"偶遇"。果然，李治看到当初的武才人已经削发为尼，回想起之前在宫中的情景，不由得感慨万千。武则天自然要抓住这千载难逢的机会，她一边与李治眉目传情，一边又潸然泪下，顿时让李治乱了方寸，两个人寒暄了很久才依依不舍地告别。经过这次见面，李治心里再也放不下武则天，但他又无能为力。一方面先帝的孝期未满，更重要的一方面仍然是传统伦理的束缚让他不敢将武则天接入宫中，所以每天长吁短叹。

　　武则天知道自己的计划已经奏效，所以继续发起攻势。她在感业寺内写了一首名为《如意娘》情诗：

　　　　看朱成碧思纷纷，憔悴支离为忆君。

　　　　不信比来长下泪，开箱验取石榴裙。

　　这首诗的情感非常饱满，表达的是一位女子由于思念心上人而恍惚、憔悴的形象。相思而不能见面，于是泪如雨下，自己曾经穿过的石榴裙上都沾满了相思的泪痕。很显然，武则天诗中所忆之君正是唐高宗李治，李治看到这首诗后整天魂不守舍，此后就经常到感业寺与武则天相见。时间一长，宫里宫外开始有了皇帝与尼姑的绯闻，这样的结果正是武则天所期望的。

按照常理来讲，皇帝与尼姑有了暧昧之情，这个尼姑一定不会有什么好下场，但是命运这一次眷顾了武则天，正是由于她的不懈努力，最终绝处逢生，为自己创造了重新返回后宫的机会。但这个机会并不是唐高宗李治亲自推动的，而是由六宫之主王皇后提供的。不过，皇后、嫔妃们各有各的心机，武则天将要面对的是一场波谲云诡的后宫斗争。

唐高宗

（628—683 年），即李治，字为善，唐朝第三位皇帝，唐太宗李世民第九子。即位之初有贞观遗风，政治稳定、经济发展，史称"永徽之治"。显庆五年（660 年），因病难以理政，便让武皇后参政，自此大权旁落。

未雨绸缪，为自己留好后路

武则天在太宗皇帝去世后进入感业寺修行，这显然不是她想要的归宿。事实上在她深居宫中的十多年间，就对自己的将来进行了筹划，虽然不知道未来将如何发展，但她暗中观察时局，利用一切资源为自己留好了后路。武则天在宫中与太子李治暗生情愫，就是她为自己将来改变命运埋下的伏笔，后来她抓住了这一机会，果然实现了从寺院重回后宫的目的。

"生于忧患，死于安乐。"面对不断变化的社会环境，我们亦不能只安于现状。无论在生活中，还是在职场中，都要具有前瞻性，未雨绸缪，为将来做好打算，留好后路。

在生活中，我们要为自己的发展做好规划，为可能遇到的困难做好准备。比如，培养良好的生活习惯，保持乐观的心态，制订合理的财务计划等，以更好地面对生活的挑战。

在职场中，我们应不断学习新知识、新技能，以应对行业的发展变化。同时，与人为善，广交朋友，建立良好的人际交际网，为将来的职业发展奠定良好的基础。

未雨绸缪是一种智慧，无论在任何时候都应始终保持清醒，斗志昂扬，为赢得美好的未来做好打算。

坚韧不拔，在逆境中寻找生机

在古代社会，因皇帝驾崩而被安排进寺院修行的妃子几乎再无出头之日，只能被迫接受日复一日的寺院生活，在煎熬中了却残生。可见在当时，武则天所承受的心理冲击是非常大的，但是武则天有坚韧的品格，她不仅没有被现实打败，还在逆境中探索新的生机，以求改变现状。最终武则天找到了唐高宗这一突破口，成功逃离寺院，才有了她以后的巅峰人生。

在逆境中不轻言放弃是一个成功者应该具备的品质。人生之路难免会有艰难险阻，难免需面对浮沉起落，如果遇到困难就躺平放弃，注定不会有什么大的成就。

在当代社会，各行各业里曾经经历失败但凭借坚韧不拔的品格东山再起的事例不胜枚举，这些人战胜了我们无法想象的困难，始终保持着美好的信念并为之奋斗，最终获得了自己应有的人生高度。

山窗游玉女，涧户对琼峰。
岩顶翔双凤，潭心倒九龙。
酒中浮竹叶，杯上写芙蓉。
故验家山赏，惟有风入松。（武则天游九龙潭）

第二章

后宫风云：再入宫廷，全面布局

　　再度进宫，武则天决定牢牢把握这次来之不易的机会，并全面布局，应对后宫风云。

　　再入宫廷的武则天，经历了佛门清修反思，如脱胎换骨一般重新迸发勃勃生机，和以往不同的是，这一次武则天选择了隐忍低调的行事之风，在宫中广结人缘，力图化敌为友，将一切可利用的人拉拢过来，积累了丰厚人脉的她，终于迎来了绝地反击的时刻，一场潜心编织、精心谋划的大局在她的手中徐徐展开。

广结善缘，铺下关系网

　　武则天能够重入宫廷，这是当时大多数人都没能猜到的结果。

　　作为唐太宗生前的才人，在太宗去世后被迫出宫入佛门，感业寺内削发为尼，庙宇深深，每日同青灯佛经为伴，所有人都认为，这就是武则天人生的归宿。

　　显然，人们低估了武则天的能力和智慧，为了能达到目的，她从来不走寻常路，这一次也是，为了能重返她朝思暮想的皇宫，她充分把握一切可以利用的机会，而新登基的高宗李治是她最大的希望。

　　当然，能够再次入宫，和李治重新搭上关系是一大原因，更大的助力者则是后宫中忙于与嫔妃钩心斗角的王皇后，王皇后想要利用武则天达成自己的目的，因此不遗余力地促成武则天入宫。而即将重新入宫的武则天，自然要面临一场波诡云谲的宫廷斗争。

　　旧情复燃，再次和武则天相遇，李治的心里都是武则天的影子，他私下里告诉武则天，一定想办法让她蓄发还俗，重返皇宫大内。

虽然给了武则天明确的承诺，但李治深知，在心上人回宫这件事情上，他可以不用顾及大臣们的意见，只是宫中王皇后这里，他不知道如何开口，如果王皇后执意阻挠，还确实是个问题。

正当李治思谋着如何向王皇后摊牌时，不想王皇后却主动找上门来。王皇后开门见山地说起了武则天回宫的事情，她情真意切地告诉李治，自己也非常同情武则天的遭遇，现在皇上和武则天情投意合，作为妻子只有全力支持，宫中多一个人照顾李治的起居是好事，能让这位大唐帝国的皇帝更有精力去处理军国大事，自己也多了一个管理后宫的好帮手，两全其美，她没有不同意的理由。

王皇后在这里给李治传递了一个清晰的信号，作为六宫之首的正牌国母，她是贤惠大度的，愿意以实际行动来充当高宗的贤内助。

李治的反应自然是喜出望外，迎接武则天重返皇宫的最大阻碍消失了，事情顺利得有些出乎意料，这自然是他求之不得的结果，当即派人传达旨意，让武则天即日蓄发，尔后选良辰吉日迎她入宫。

事实上，王皇后所谓的关心体贴、贤惠豁达存在伪装的成分，她这样做也有自己不得已的苦衷，平日里她与李治并不亲近，更谈不上受宠，无非碍于她家族背景深厚，背后有以长孙无忌为代表的关陇集团的支持，又是统摄六宫的皇后，李治对她的敬多于爱，这也让宫中的萧淑妃有了可乘之机。

萧淑妃容貌俊美，懂得曲意逢迎，很快便迷住了李治，又先后生下义阳公主、许王李素节和高安公主，母凭子贵，一时间成为后宫中最为得宠的妃子。王皇后膝下无子，见此妒火中烧，为了不让萧淑妃独得专宠，尽管她对李治和武则天旧情复燃的事情也是一肚子不情不愿，但两害相权取其轻，王皇后想通过让武则天入宫的方式打破萧淑妃独占李治宠爱的局面。在她眼里一个小小的武则天翻不起多大的风浪，况且在入宫这件事情上，她还送了对方一个顺水人情，于情于理，武则天都应对她感激涕零，俯首帖耳。

当李治宣召武则天蓄发的旨意下达后，武则天也终于长长地松了一口气，最艰难的时刻过去了，这一刻，她明白了人生命运要掌控在自己手中的道理。

春去秋来，唐太宗三年祭日期满，武则天也得以重新入宫，封为昭仪。在拜见王皇后时，武则天举止得体，表现出一副恭敬温顺的模样，感谢她对自己的再造之恩。武则天的温婉顺从让王皇后放下了戒备之心，她甚至得意于自己主动劝说李治接纳武则天重新入宫这件事。

武则天不动声色，又开始实施她的下一步行动。想要在宫中站稳脚跟，必须先从打造好人设开始，有了好人缘才能左右逢源，游刃有余。从入宫开始，武则天就四处走动，有目的地与包括皇后身边的宫女在内的宫女们刻意亲近，以广结人缘，打造属于自己的关系网。

虽然武则天很得李治的宠爱，但在这些宫女面前，她却故意放低自己的姿态，绝不高高在上，时时处处表现出一副亲切和蔼、平易近人的模样。

比如，平日里如果得到李治的赏赐，洞察人性弱点的武则天会毫不吝啬地拿出来和大家一起分享。物质上的拉拢更能俘获人心，出手大方的她果然深受宫女们的欢迎。

有时候一些宫女因为犯错被惩罚，每当此时，武则天就以关怀之名接近对方，说一些宽心安慰的话语，由此善于暖心的武则天赢得了那些受罚宫女的极大好感，她们有意无意地纷纷站队武则天，成了她在宫中的眼线。

皇宫大内，寂寞清冷是"主旋律"，钩心斗角也司空见惯，为了彼此防备，大多数人都不得不戴着"面具"生活，无形中造成了人与人之间的隔阂和生疏。但武则天反其道而行之，她有意为之的友善、宽容、体贴、周到很快为她赢得了人心。

久而久之，善解人意、好人缘等便成了贴在武则天身上最为鲜明的标签，宫女们都愿意和她走动亲近，有什么内幕消息也会第一时间跑来告知武则天。就这样，在武则天的精心营造下，一张以她为中心的关系网也在皇宫大内悄然形成。

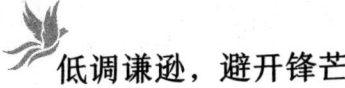

低调谦逊，避开锋芒

　　武则天再次入宫时，收敛了自己的野心，在王皇后面前表现得恭敬温顺，从而让王皇后放下了戒备之心，并且得到王皇后的认可，让王皇后为自己说好话。可以看出，武则天很清楚如何在强势人物面前表现自己，懂得低调行事，躲避锋芒，避开不必要的冲突和麻烦。并且武则天也懂得如何赢得他人好感，为自己的将来扫清障碍，铺平道路。

　　在现实生活中，我们需要和不同的人产生交集。在复杂的社交中，我们就需要学习武则天的这种行事风格。一是要尊重他人。无论在生活中还是在工作中，要始终保持谦逊的态度，尊重他人才会得到他人的尊重。二是不骄傲自满，始终怀有一颗不断学习的心，不断提升自己。三是懂得隐藏锋芒，不必事事表现，懂得低调行事，避开锋芒和冲突，暗中蓄力，关键时刻展现自己。总之，无论面对什么人和什么情况，都要保持低调谦逊，避免不必要的冲突，获得他人好感，助力未来发展。

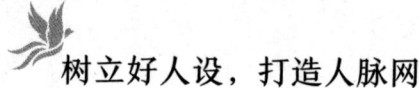

树立好人设，打造人脉网

重新返回皇宫的武则天，为了能在宫中站稳脚跟，获得迅速上升的台阶，开始四处广结善缘，用金钱物质来拉拢关系，用体贴和关心来增进感情，并在力所能及的情况下，对身边的宫女、内侍伸出援助之手。讲义气，重情分，有恩有义的武则天，很快赢得了一片赞誉之声，编织了一张强大的关系网，从此在宫中游刃有余，左右逢源，在危机来临时也能及时获得情报信息，化被动为主动。

人际关系不是孤立的，只有互惠互助才能走得更为长远。因此，要树立好人设，打造人脉网，就应从广结善缘开始。在与人相处时，首先要做到和蔼可亲，对身边的人多说一些赞美、祝福的话语，当他们遇到难过的事情时，多去鼓励、开导他们。其次是给予一定的物质帮助，物质不在多少，重在及时主动，让对方从中感受到我们的温暖和诚意。三是要懂得"勿以恶小而为之，勿以善小而不为"的道理，多做善举，多行善事，以好的德行赢得身边人的好感与尊重。

格局突变，是敌人也是朋友

　　显然，武则天刻意和王皇后亲近，并非出于她的本意，对于有着强烈上位野心的武则天来说，眼下她只能对王皇后做小伏低，赢得对方的好感，才能有充分的时间去熟悉宫中的内情，从而能从容布局应对，一步步将她前进路上的所有"绊脚石"全部踢开。所以对于王皇后这位最强劲的对手，武则天必须先用假象迷惑住对方，稳住了皇后，她可以抽出精力对付其他"情敌"。

　　颇有心机的武则天果然极大地消除了王皇后对她的敌意，王皇后非常满意武则天的表现，时不时还在高宗李治面前夸赞武则天。王皇后的美言，李治听了也是龙心大悦，这是他希望看到的局面，只是他不知道的是，眼前的一切都是假象而已，暂时势单力薄的武则天选择隐忍不发，她知道自己首先要在宫中站稳脚跟，获得高宗的绝对信任，这是她更上层楼的基础。

　　通过一段时间的小恩小惠，武则天顺利拉拢了一大批宫女成为她的得力帮手，她从宫女们口中了解了她离开皇宫这几年来的是是非非，渐渐摸清了王皇后和萧淑妃宫斗的真相，做到了心中有数。

不久后，王皇后和萧淑妃又因琐事发生了矛盾，双方闹起了争执。

武则天一直在旁边冷眼旁观，她从中看到了机会，于是找机会来见李治，表面上是安慰高宗，实际上言语之间将萧淑妃和王皇后都捎带了出来，委婉地说她们这样整天吵来吵去，影响实在是太不好了。

有时候"枕头风"的作用确实强大，三言五语下，李治原本快要平息的怒火又被重新点燃，他下旨狠狠申饬了萧淑妃和王皇后两人，武则天"一石二鸟"的计谋初见成效。

恰巧这个时候武则天怀孕了，对于高宗来说，这是一个让他高兴的好消息，因此当他前往中宫看望王皇后时，无意中说起了这个话题。

说者无心，听者有意，对一直膝下无子的王皇后来说，宫中任何一位妃子怀孕都是令她倍感不快、耿耿于怀的事情，武则天自然也不例外，王皇后没想到小小的武昭仪竟然这么快就怀上了龙种，如果她将来为高宗生下一男半女，在宫中的地位将会急剧上升，会成为萧淑妃之后又一个最大的威胁。

有了危机意识的王皇后，赶快找来母亲魏国夫人柳氏商议，最后决定由舅舅中书令柳奭出面，拥立李治的长子陈王李忠为太子。

王皇后这里打得一手好算盘，陈王李忠的母亲刘氏在宫中地位卑微，无依无靠，她扶立李忠上位不会给自己带来多大的威胁，并且为了以防万一，王皇后还将李忠认为义子，以稳固两人之间所谓的"母子关系"。

自然，有了王皇后和她身后庞大朝臣势力的助力，李治不得不慎重考虑朝野上下的意见。永徽三年（652 年），在柳奭、尚书右仆射褚遂良、太尉长孙无忌、左仆射于志宁等大臣的联合举荐下，李忠被立为太子，成了一国之储君。

整件事情武则天并不是太知情，直到李忠确定被立为太子的消息传开，武则天才如梦方醒，看来自己的力量还是有点弱小了，王皇后虽然不是太受高宗的喜欢，至少目前她所拥有的地位与话语权并不是武则天所能撼动、比拟的。

换言之，从更长远的时间来看，王皇后是她最大的敌人，但在眼下的局面中，她只能借助王皇后的力量，将她暂时作为自己利用的对象。

只是眼下王皇后对她的"小动作"有所察觉，如果不能继续稳住王皇后，她的一切努力或许都将功亏一篑，因此，当务之急依旧要讨取王皇后的欢心，让对方放下对自己的警惕之心，这样她才能赢得一个相对安宁的空间，以待时机。

想通了这一切的武则天，借着给王皇后庆贺收了李忠为养子的由头，主动跑来和对方套近乎，一番言语奉承下来，王皇后对前不久武则天"暗箭伤人"的做法有所释怀，再加上这一次将李忠成功推上了太子的位置，心情大好的王皇后再次放下了对武则天的戒备。

从王皇后的中宫出来，武则天一路心事重重，她知道必须重新调整自己的战略，收敛锋芒，不能太过急于求成，一定要等到彻底在宫中立足才可以。

打定了主意的武则天，平日里行事更加小心翼翼，除此之外，她依然展示自己豪爽的一面，大量打赏宫中的宫女、太监等人，以便能够在最短的时间获取到对她有利的情报。

┌─ **长孙无忌** ─┐
（？—659年），字辅机，河南洛阳人，唐朝宰相，太宗长孙皇后之兄。助李世民称帝，由左武候大将军、吏部尚书进拜尚书右仆射。因反对废王皇后立武则天为后，被削爵流放，继而被迫自缢。

适者生存，变者多赢

武则天重新入宫后，深知要想在宫中站稳脚跟生存下来，必须审时度势，在不断迎接新的变化和挑战中求得生机，成为笑到最后的那个人。因此，她一方面采取冷眼旁观的策略，坐山观虎斗；另一方面积极寻找机会，不时挑拨王皇后和萧淑妃两人之间的关系，而她自己则从中最大限度地获取利益，上演"鹬蚌相争，渔翁得利"的精彩好戏。

在新时代面对不断变革的社会大背景，企业管理者也应树立"适者生存，变者多赢"的战略思维。当市场环境发生重大变化时，绝不能抱残守缺，因循守旧，而是要做到与时俱进，紧跟市场变动的步伐，积极主动地迎接新的变化。并在拥抱新变化的基础上，结合企业实际去灵活地调整战略目标，打开思路，重新布局，如重塑产品结构，研发新技术，开发新品类，改变营销策略等，以求新的发展与突破。

策略灵活，善于化敌为友

　　王皇后之所以同意武则天入宫，主要目的是拉拢武氏共同对付萧淑妃，哪知道她弄巧成拙，武则天不仅获得了高宗李治的宠爱，还怀上了龙胎，一旦武则天生下一男半女，会更能得到李治的宠爱。心生敌意的王皇后赶快布局，推陈王李忠为太子，以对抗武则天，两人从先前的同盟关系变成了潜在敌人。武则天自然感受到了来自王皇后的深深嫉恨，对于这位强大的对手，武则天权衡自身实力，并没有和她爆发直面冲突，而是将王皇后当作"亦敌亦友"的对象来对待，以更加灵活的策略周旋应对。

　　人际关系中，朋友和敌人的关系并不是一成不变的，随着利益或环境的调整改变，朋友可以成为敌人，对手也可以转化为可供利用的对象。所以，我们要有化敌为友的智慧，一要学会关注对方的兴趣点，了解对方的兴趣爱好，通过增加共同话题增进彼此间的关系。二要积极主动地沟通交流，加深认识，如果有工作上的合作，注重协调和配合事宜。三是练就包容大度的胸襟，学会放下和释怀，让对方能够感受到我们的心胸和善意。

坐以待毙，不如主动出击

永徽三年（652 年）初，武氏临盆，生下儿子李弘。李弘是武则天的第一个儿子，高宗李治的第五子。

生下了儿子，武则天自然也是满心欢喜。古代皇子出生，一般都会被封为王爵，比如前面萧淑妃的儿子李素节被封为许王，刘氏的儿子后来被立为太子的李忠一开始是陈王，自己的儿子也应当有一个名分，于是在武则天的请求下，儿子李弘没多久便被封为代王。

母凭子贵，对于武则天暴露出来的野心，王皇后再次感受到了威胁，这时的她开始后悔当日同意李治将武氏接回宫中的决定，原本指望武则天站在自己一边压制萧淑妃，现在反而弄巧成拙。武则天有了孩子之后更加恃宠而骄，再加上深得李治的欢心，在宫内隐隐有了与她和萧淑妃分庭抗礼的架势，按照这样的态势发展下去，也许用不了多久，她和萧淑妃都将被武则天所取代。

　　真是搬起石头砸自己的脚，王皇后后悔万分，现在怎样才能将武则天上升的势头打压下去呢？也许是同病相怜的缘故，这时的王皇后想起了自己的老对手萧淑妃。自从有了武则天之后，萧淑妃已经不太受李治的喜欢了，没少受冷落，王皇后就转而将目光放在了萧淑妃的身上，两人逐渐走动频繁起来。她们在经过一番商议后，很快确立了一个共同的目标：一起联手行动，务必要将武氏扳倒。

　　这时候，武则天在宫中布置的关系网起到了重要的作用，王皇后和萧淑妃的密谋很快通过武则天的情报网传了过来。这让武则天大吃一惊，如果真的让王皇后和萧淑妃结成同盟关系，她们两人联手的威力还是极具杀伤力的，到时候局面真的将会对她大大不利。

　　依照武则天最初的想法，她还是想要稳住王皇后，先把萧淑妃扳倒，瓦解两人的联手态势。但此时的王皇后已然将武则天视作她眼中最大的隐患，面对武氏主动示好的行为无动于衷。

　　反过来，王皇后也没闲着，加紧和萧淑妃联合，她们一起在高宗李治面前诋毁武则天。李治耳根子软，对于王皇后、萧淑妃联手给武则天泼来的污水，一开始也不愿相信，然而架不住两人天天在他面前说武氏的坏话，时间长了，李治自己竟然也有点疑神疑鬼起来。尽管他表面上没有显现出来，心细如发的武则天还是察觉到了李治的情绪变化，而且这一段时间宫女们传递的情报也让武则天冷汗直流，倘若李治真的相信了两个女人，自己将永无翻身之时。

　　与其坐以待毙，不如绝地反击。武则天放弃了继续向王皇后示好的想法，决定先下手为强，主动发起对王皇后的进攻。

　　很快机会就来了，或者说，这一机会是武则天主动创造的，她挖下了一个大坑，就等着王皇后往里面跳。

永徽五年（654年），武则天又为李治产下了一位公主，也即她的长女安定公主。

入宫没几年，武则天就先后为李治产下一子一女，高宗更加宠爱她了，而这个刚刚降临人世的女婴，也是李治偏爱的"掌上明珠"。

在后世的演绎中，说是武则天看到自己可爱的小女儿，突然想出了一个恶毒的计划，她深知想要扳倒王皇后绝非易事，一般的谗言诋毁起不了太大的作用，只有将小公主的死扣在对方的头上，才能给王皇后带来致命一击。

于是在反复权衡后，武则天决定铤而走险，以牺牲女儿为代价换来她想要的一切。

表面上，武则天依旧表现出对王皇后恭恭敬敬的姿态，主动邀请对方来自己的住处闲坐谈心，王皇后虽然对武则天心存不满，不过她对可爱的小公主没有敌意，有时就陪着李治过来探望，有时也会自己独自前来。

一天王皇后又来到了武则天的寝宫，武则天看到机会难得，就找借口躲了出去，故意留下王皇后一个人。王皇后等不来武氏，正好小公主哭闹，王皇后爱怜地将小公主抱起来哄一哄，等到小公主不再哭闹了，她将女婴放下后就出去了。《新唐书·后妃列传》上记载："昭仪生女，后就顾弄，去。"

不久后，李治兴冲冲地过来探望武则天母女，武则天假意走在前面，当她抱起小公主时，突然发出撕心裂肺的哭喊声，李治慌了，上前一看才知道小公主已经夭折了。

挺健康的孩子怎么突然就没了呢？李治疑心大起，武则天也哭闹着追问在她离开的这段时间里，都有谁来过自己的住处，面对她和李治的一起盘问，这些宫女平日里都受过武则天的恩惠，一口咬定刚才只有王皇后来过。

李治勃然大怒，种种迹象表明王皇后嫌疑最大，尤其是想到平日里王皇后多次在自己跟前数落武则天的不是，前后一联系，高宗更相信小公主是王皇后害死的。

小公主的死讯传出后，得知消息的王皇后也是大惊失色。现在的她真是百口难辩，有苦说不出，她想要在李治面前为自己辩解，然而对她已经有了很大成见的高宗，根本不听她的解释，王皇后欲哭无泪，她陷入了难以自证清白的陷阱。

《资治通鉴》对此有所记载：

后出，昭仪潜扼杀之，覆之以被。上至，昭仪阳欢笑，发被观之，女已死矣，即惊啼。问左右，左右皆曰："皇后适来此。"上大怒曰："后杀吾女！"昭仪因泣诉其罪。后无以自明，上由是有废立之志。

小公主确实是夭折了，但究竟是不是武则天下的狠手呢？后世史书对于小公主真实死因的记载也多有分歧，比如《唐会要》上记载："昭仪所生女暴卒，又奏王皇后杀之，上遂有废立之意。"这里只是说武则天充分利用小公主的死来制造舆论，将一盆脏水泼在了无辜的王皇后身上，并没有明说武则天亲手杀死了自己的孩子。

古时候医疗条件落后，婴儿存活率低，即使是拥有最好医疗条件的皇室也不例外，小公主刚刚满月，患急病的概率非常大。

另一个证据是，后来李治废黜王皇后的正宫之位时，只是说她"谋行鸩毒"，并没有将小公主夭折一事算在她的头上，大概率李治也认为小公主是得急病死的，和王皇后没有太大的关系，在没有确切证据的面前，他只能怀疑而不能坐实。

褚遂良

（596—658 或 659 年），字登善，杭州钱唐（今浙江省杭州市）人，唐朝宰相、政治家、书法家。唐朝时期历任谏议大夫、吏部尚书、右仆射等。因反对立武则天为后，被贬谪，卒于任上。

勇于破局，活出自我的精彩

武则天为高宗李治生下了儿子李弘，母凭子贵，没有子嗣的王皇后从中感受到了重重危机，她放下恩怨是非，转而和萧淑妃联手，试图将武则天上升的势头打断。面对这一不利的局面，武则天开始积极应对，以破局的勇气迎接两人联手的挑战。

现实生活中，我们会遇到各种各样棘手的难题，很多人在困难面前无所适从，其实很多时候看似困难重重的问题并非没有破局之道，往往我们缺乏的只是一往无前的勇气和信心，倘若听天由命，那么就会在困难面前无所作为，只能被动地消极等待。

显然，不敢破局，就只能被困境束缚。比如我们在个人职业发展生涯中，不能一味地等、靠、要，而是要努力寻找机会和舞台，充分展示自我，在拓展人脉的基础上为自己创造更多的机会。商业竞争也是同样的道理，主动创新、优化服务才能在激烈的市场竞争中占据优势地位。

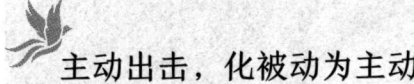

主动出击，化被动为主动

　　当王皇后和萧淑妃计划联手压制武则天时，面对强大的竞争压力，武氏并没有选择坐以待毙，而是主动出击。她通过诬告王皇后害死自己女儿的方式很快扭转局面，将原本占据上风的王皇后反压下去，从被动转为主动，牢牢地将个人命运的发展掌控在了自己的手中。

　　不经风雨，怎能见彩虹。当我们遭受各种磨难时，不要畏惧退缩，而是应当将这种磨难和挑战当作一次最好的锻炼机会，唯有迎难而上，主动出击，才能逆风翻盘。所以在实际工作中，遇到挫折不要气馁，首先要拿出背水一战的勇气和决心，放手一搏，去赢得胜利的机会。其次，前面的路走不通时，要积极转变自身的思想观念，跳出思维误区，另辟蹊径，主动寻找新的出路，相信山重水复之后，便是柳暗花明的时刻。

武则天时代彩绘女俑

武则天时代彩绘女俑

凡事循序渐进，徐徐图之

武则天原以为通过女儿的死可以达到打倒王皇后的目的，不过她很快就发现事情并没有她想象中那样简单。

先说高宗李治，小公主死后他确实对王皇后表达出强烈的不满，也有废黜对方的打算，然而他顾念和王皇后夫妻情分多年，更因没有直接的证据证明王皇后就是凶手，所以只是更加冷落王皇后，至于废黜之事，迟迟没有采取实质性的行动。

再说宫廷外部，那些支持王皇后的朝中大臣们，一致认为这是武则天在搬弄是非，指责她想要借小公主之死达到她不可告人的目的，他们坚决反对李治惩处王皇后。李治虽然贵为一国之君，但也不得不顾及这些重臣们的意见，所以他尽管心里面有想法，也只能暂且将废后之事搁置。

经过这一番较量，武则天再次见识到王皇后背后强大的靠山，她就此明白仅仅依靠宫内的这些人还难以撼动王皇后的地位。经过一番深思熟虑后，她决定通过李治来和朝臣建立联系，顺带探一探大臣们的口风，如果在权力的诱惑下能够争取过来为她所用，自然是最好不过了。

武则天很快就找到了突破口，太尉长孙无忌成了她的突破口。长孙无忌位于凌烟阁开国功臣之首，同时又是高宗李治的娘舅，在朝中拥有无可匹敌的影响力，倘若长孙无忌能公开站在自己这一方，接下来支持王皇后的那些势力自然会冰消瓦解。

之后，武则天说服李治一起登门看望长孙无忌。君臣相见，免不了一番客套寒暄，谈话间，李治为了拉拢对方，主动询问长孙无忌家中的子弟有没有需要加官晋爵的，如果有，只管开口，朝廷对功臣的后代一定会厚加优待。

其实，对于李治和武则天的来意，长孙无忌心知肚明，他的策略很简单：揣着明白装糊涂。无论是李治许以高官厚禄，还是用金钱开道，只要是涉及王皇后的话题，长孙无忌一概岔开话题，从不正面表态，更别说主动站队武则天这边了。

对于李治、武则天纡尊降贵造访长孙府邸的这件事情，《资治通鉴》上用很简略的话语描述了当时的场景："上及昭仪皆不悦而罢。"

眼看长孙无忌油盐不进，武则天和李治只得无功而返。这一次碰壁，让武则天更加意识到了拉拢朝臣的重要性，没有朝中有话语权的大臣的支持，哪怕她在后宫翻起滔天巨浪也是于事无补。

虽然没能在长孙无忌那里打开缺口，武则天也不是没有收获，她从长孙无忌身上汲取了反面教训，受到了一定的启发，既然依靠主动拉拢的手段行不通，那就不妨变通一下思路，大臣们并非铁板一块，也有派系之间的矛盾纷争，和长孙无忌不是一个派系的朝臣大有人在。只要她让人看到后宫之中她是李治最为宠幸的对象，在废黜王皇后的事情上，李治的情感偏向于武则天这边，那么一切就好办了，要知道有很多惯于察言观色的大臣最会见风使舵的伎俩，皇帝的好恶就是他们这些人的"风向标"。

显然，在这次宫斗中，武则天显示出了她高人一等的政治智慧。和缺乏城府、谋略的王皇后及萧淑妃相比，武则天的政治手腕极为高明，她以皇帝为"招牌"，引诱长孙无忌、褚遂良一派的政敌主动上钩，只要有一人率先站出来投靠到武则天这边，一旦缺口打开，在示范效应的引领下，后续还会有源源不断的朝臣向她靠拢，外部有了这些朝臣的支持，她胜算的概率将得到极大的提升。

简单来说，操之过急要不得，需要先建立支持她的政治势力，尔后再徐徐图之，相信最终的胜利一定在她这边。

对于李治来说，他也甘愿听从武则天的建议，政治上偏向于她，这并不是因为宠爱武氏的缘故，其中很大的原因在于通过上一次和长孙无忌私底下的接触，他意识到在资历老、有威望的朝廷重臣面前，自身的皇权受到了一定的限制，这一次他正好通过废黜皇后的举动，以此来展现皇权至高无上的威严。

就这样，武则天和李治两个"各怀心思"的人一拍即合，在废后一事上结成了牢固的同盟。

王皇后的母亲魏国夫人也坐不住了，利令智昏的她竟然想出了一个"压胜"的损招。

所谓压胜，属于巫术的一种，捏一个小泥人，将对手的生辰八字写在上面，每天用针扎刺，以达到令对手生病或死亡的目的，古人迷信，压胜之术在后宫中屡见不鲜，汉武帝时期的"巫蛊之祸"也是类似的做法。

王皇后她们背地里搞的这些小动作，自然瞒不过武则天的眼睛，她布置在王皇后身边的眼线很快发挥了作用，将事情一五一十地告知了武则天。

武则天喜出望外，正愁没有更好的把柄，王皇后的行为无疑是自投罗网，她当即哭哭啼啼找到李治，诉说了事情的原委。李治震怒，派人前往王皇后宫中搜查，找到了小泥人等作案证据，在铁的事实面前，王皇后只得低头认罪。

《旧唐书·列传卷一》载："后惧不自安，密与母柳氏求巫祝厌胜。事发，帝大怒，断柳氏不许入宫中，后舅中书令柳奭罢知政事，并将废后，长孙无忌、褚遂良等固谏，乃止。"

李治原本想要借题发挥，通过压胜的风波直接将王皇后废黜，只是在长孙无忌、褚遂良等人的强烈反对下，李治只好强忍怒火，暂且将废后一事搁置不提。不过局面发展到这一地步，武则天已然稳操胜券，她需要的是耐心和时间，现在高宗已经彻底亮明了他的态度，只要大臣中有人站出来跟长孙无忌他们"唱反调"，一切就都水到渠成了。

破除急于求成的急躁心理

在和王皇后争斗的过程中，一开始武则天确实有急于求成的思维，认为只要将王皇后害死小公主的问题坐实，就能轻而易举地扳倒对方。事实证明，武则天有点想当然了，王皇后树大根深，在朝野上下有众多的支持力量，她的皇后位置一时间难以轻松撼动。武则天从中汲取了深刻的经验教训，摆脱了以往急切除掉王皇后的心理，转而采取了徐徐图之的策略。

急于求成，无疑是犯了"欲速则不达"的错误，因此遇到事情时，要破除急于求成的心理。首先，我们要告诉自己不要着急，先让自己冷静下来，然后再去思考解决的办法。静下心来，冷静理性地考虑问题才能更客观、更全面。其次，注重把握现在，沉稳第一。古语说："致虚极，守静笃，万物并作，吾以观复。"这句话告诉我们，遇事不要慌慌张张，事情越急，我们反而越是要冷静应对，放下焦虑，保持一颗平静的心，就会发现自己已经在悄然间变得睿智成熟了。

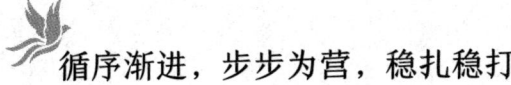

循序渐进，步步为营，稳扎稳打

当武则天发现一时间很难将王皇后彻底推下皇后的宝座时，她迅速调整了方法和策略，想到了争取朝廷大臣支持的办法，只要能够培养出支持她的政治势力，内外夹击，步步为营，她就能稳操胜券，摘取皇后的桂冠。事实证明武则天稳扎稳打的策略是卓有成效的，王皇后等人很快自乱阵脚，被武则天抓住了把柄，迎来了致命一击。

循序渐进、步步为营的道理，同样适用于我们的工作和生活，要明白任何事情都不是一蹴而就的，想要获得成功，必须有一个长时间积累和沉淀的过程。具体来说，一是要沉下心来认真做事，不着急出成绩，把事情做到尽善尽美时，成功就距离我们不远了。二是锚定目标，暗中积蓄力量，做好一切充足的准备，在此基础上制订出详尽的计划，一个目标接着一个目标逐步攻克，积小胜为大胜，最终实现我们的理想与抱负。

明朝游上苑，火速报春知。

花须连夜发，莫待晓风吹。（武则天腊日宣诏幸上苑）

第三章

母仪天下：入主中宫，纵横谋划

武则天纵横谋划，从昭仪一步步走上皇后的宝座，母仪天下。但她的路远没有结束。

　　武则天二次入宫后，心思缜密地通过一系列的操作，将王皇后从中宫的位置上拉了下来，如愿以偿地成了大唐帝国新一任皇后，实现了自己身份的华丽蜕变。母仪天下的武则天，在改立太子、稳固地位的基础上，又继续将斗争的矛头指向了势力庞大的关陇集团，不断提升自身的政治影响力，为"二圣共治天下"局面的形成做了切实的政治铺垫。

从昭仪到皇后的蜕变

　　压胜风波，成了压倒王皇后的最后一根稻草。

　　在废后一事上，尽管依旧阻力重重，但李治依然旗帜鲜明地站在了武则天的一边，他和支持王皇后一派朝臣的拉扯，也将原本属于"家事"的后宫事务端到了朝堂之上。一些善于捕捉政治风向的大臣们，从中敏锐地嗅到了快速翻身的大好机会，王皇后的倒台是早晚的事情，现在正是向高宗李治、武氏靠拢的好时机，于是以许敬宗、李义府为代表的投机分子纷纷站了出来，成了坚决拥护武昭仪派系的核心人物。

　　这样的局面是武则天乐见其成的，有了朝臣的支持，她就能放开手脚向皇后的宝座发起冲锋了。在她的授意下，许敬宗、李义府等人纷纷给李治写奏折，鼓吹废后的正当性和必要性。

　　关陇集团自然也不甘心输掉这盘棋，这一次长孙无忌退居幕后，侍中韩瑗等人挺身而出，据理力争，和许敬宗他们针锋相对，说王皇后是先帝为高宗物色的人选，品德贤淑，人品端正，什么小公主被害、压胜这些，统统是被小人诬陷的。

许敬宗他们得理不饶人，韩瑗一派则寸步不让，多次哭着进谏，这让高宗感到很为难。对于朝堂上的争论，武则天躲在一边静观其变，她冷静地分析了一下当前的局势，认为一直这样争吵下去也不是办法，她不如从眼下僵持胶着的局面中跳脱出来，既然暂时得不到皇后的位置，那就另辟蹊径，寻求变通之道。

没多久，武则天就想到了一个办法。她找到李治，说她进宫这么长时间了，为皇上诞下了龙种，没有功劳也有苦劳，可是她现在依然位居昭仪，似乎有些不公，因此她请求李治能封她为宸妃。

按照唐王朝的内宫礼制，昭仪是正二品，位居九嫔之首，在九嫔之上，是贵妃、淑妃、德妃、贤妃四位妃子，再往上就是正宫皇后了。

武则天想要更进一步，但现在李治身边四位妃子的位置已经满了，更不用说皇后之位了，所以从明面上看，武则天的上位之路已经被堵死了，除非四位妃子的其中一个突然病亡，否则她没有办法获得妃子的位置。

虽然员额满了，也不是一点办法也没有，单独增加一个宸妃的封号就行。宸妃地位尊崇，如果能获得这一名号，仅就目前来看，对武则天来说也是最好的结果。她这种退而求其次的策略，可以让自己在这场废后漩涡中从容进退。

武则天把难题抛给了高宗，李治听了不由得摇头苦笑，他深知可不是多列一名妃子的指标那么简单。一方面，宸妃的"宸"字太过敏感，上指九天北极星，下应帝王的宫殿居所、王位等意象。武则天被封为宸妃，不正向天下臣民表明了她觊觎皇后之位的野心吗？明眼人都能明明白白地看出来。

另一方面，后宫嫔妃的定额和名号，是大唐王朝开国之初就确定下来的制度，属于皇考祖训的范畴，没有特别重要的情况，轻易变动不得，这也是李治颇感为难的地方。

不过在武则天的软磨硬泡下，李治还是决定试探一下朝臣的意见。朝堂上他刚把这个问题提出来，就遭到了长孙无忌、褚遂良等人的坚决反对，他们以祖宗之制不可轻易改动为由，否定了李治的提议，事情再次陷入了僵局。

这样的结果其实早在武则天的预料之中，为了能说服长孙无忌不再干涉后宫的事情，其间武则天还请母亲杨氏出面，私下里登门拜访长孙无忌，但效果依旧不佳。

随后高宗李治又派出自己的心腹许敬宗和长孙无忌沟通，还是碰了南墙无功而返。

一来二去，李治的耐心终于快被消磨殆尽了，他决定向长孙无忌、褚遂良这些大臣当面摊牌，于是找了一个机会，在内殿接见长孙无忌他们。

对于皇帝的召见，长孙无忌、褚遂良等人也明白是怎么回事，他们事先打定主意，任凭高宗如何强求，就是坚决反对废黜王皇后。《旧唐书·褚遂良传》上记载："'皇后自此未闻有愆，恐不可废。臣今不敢曲从，上违先帝之命，特愿再三思审。愚臣上忤圣颜，罪合万死，但愿不负先朝厚恩，何顾性命？'遂良致笏于殿陛，曰：'还陛下此笏。'乃解巾叩头流血。帝大怒，令引出。"

褚遂良也确实铁骨铮铮，宁愿这个官不当了，也绝不同意皇帝擅自废立皇后，双方各不相让，褚遂良甚至到了以死相逼的地步，让堂堂高宗几乎下不来台，后来还是长孙无忌出面调和，高宗强压怒火，气呼呼地拂袖而去。

碰了个不软不硬的钉子，李治废后的意愿反而更加强烈，他和武则天商议后，决定绕过长孙无忌他们，去询问另一位功勋李绩的意见，争取将李绩拉拢过来，只要李绩同意，事情就会顺利很多。

高宗看重李绩，其中有两个因素，一是在整个废后的事件之中，李绩态度一直比较中立，既没说支持，也没明确地反对，从他的行为表现来看，有拉拢过来的可能。

二是李绩也是唐王朝开国的大功臣，手握重兵，属于武将方面的重要代表，如果能获得李绩的支持，即使是长孙无忌、褚遂良再怎么反对也无济于事。

事不宜迟，高宗很快召见李绩，私下里询问他对废后一事的看法。果然如高宗所料，李绩也直白无误地亮明了自己的态度，说"此乃陛下家事，不合问外人"。

高宗听了，悬着的一颗心终于踏踏实实地放进肚子里了，对于废后一事，李绩的态度是，后宫的事情是你们皇家的家务事，我们外臣就不参与了，陛下觉得怎么合适怎么来。

李绩置身事外，高宗乐见其成，更关键的是，李绩还给了高宗一个充足的理由，废后是皇家内部事务，征求不征求大臣的意见看皇帝的心情，至于结果如何，其他人无权置喙。

至此，前面的障碍差不多都清除了，废后事宜切切实实地提上了议程。当然，皇后毕竟是一国之母，没有一个合适的理由就随意废立，确实说不过去，不过这自然难不住高宗，他随意找了一个罪名扣在了王皇后的头上，说她和萧淑妃联手，有投毒暗害武则天的迹象，罪大恶极，只能将其废黜皇后之位以示惩戒。

《资治通鉴》上载："王皇后、萧淑妃谋行鸩毒，废为庶人，母及兄弟，并除名，流岭南。"

李治以这样的方式宣告天下，王皇后品德低下，行事阴毒，难以母仪天下，既然她的皇后尊号已经被废黜了，空出来的位置理应由武则天继任。

木已成舟，王皇后被废黜，长孙无忌他们也只得接受现实，不过感到不甘心的长孙无忌等人，还是不愿武则天顺利上位，他领头出面拿武则天的身份说事，说她无论身世还是资历，都和一国之母的要求相差甚远，况且还是先帝的才人，确实不合礼制，请求高宗在决断时一定要慎之又慎。

武则天当然不会被长孙无忌泼来的这点"脏水"吓倒，在她的授意下，许敬宗写了一篇诏书，以高宗的名义传示群臣。诏书上将武则天好好夸赞了一番，说她出身高门大族，父亲还是唐王朝功勋卓著的开国大臣，兼且品行优良，端庄贤惠，是统领后宫、母仪天下的不二人选，大臣们就不要有什么多余的想法了，这件事情就这么定了。

永徽六年（655年）秋，随着朝中大臣支持武则天上位的呼声越来越高，李治一看水到渠成了，于是就册封武则天为皇后。从太宗皇帝的才人，到入寺修行，再到二次进入皇宫，从高宗的昭仪一路走上皇后的宝座，实现了人生华丽的蜕变。

在走向皇后宝座的过程中，经历了无数内斗的波折，武则天的心机、智谋、手腕也在其中得到了全面的展示，如今母仪天下，夙愿得偿，站在一个崭新起点上的武则天，将继续演绎她新的传奇。

李绩

（594—669年），本姓徐，名世绩，字懋功，后赐姓李，因避唐太宗李世民讳，单名绩。曹州离狐（今山东省菏泽市东明县）人，唐初名将。其常年征战沙场，功勋卓著，后封英国公。

突破困局，关键要善于抓住事物的主要方面

在促成高宗李治废黜王皇后这件事情上，武则天和大臣们斗智斗勇，各显神通。赢得了一部分朝中大臣支持的武则天，也具备了和长孙无忌他们这些"挺皇后派"掰手腕的资本。在决定胜负的最后关头，武则天和高宗李治抓住了输赢的关键，他们争取到了李绩的默许，有了李绩的加入，胜利的天平终于向武则天这边倾斜过来。

武则天高明的政治智慧，也带给我们深刻的启发。在实际工作中，我们要善于抓住事物的主要方面，通过争取关键力量的支持而达成目标。比如，在企业管理工作中，管理者要想将企业经营搞活，就要全面分析了解外部的市场环境、竞争对手的优势劣势、自身产品的优缺点等，在全面综合衡量的基础上，找出问题的关键所在，抓住主要矛盾并集中精力加以解决。如果能够做到这些，那么距离成功也就不远了。

营造良好舆论场，打造个人好形象

　　王皇后和萧淑妃被废黜后，论资历、能力、手段和政治智慧，皇后的宝座非武则天莫属。然而，长孙无忌等人继续拿武则天的身份地位说事，试图阻挠武则天成功上位。为了消除通往皇后宝座路上的最后一道障碍，武则天让支持她的大臣们制造舆论，粉饰她及武氏家族的资历背景，武则天正是通过良好舆论场的打造，完成了荣登皇后宝座的目标。

　　俗语说"三人成虎"，负面舆论的杀伤力非常大，一个人哪怕非常优秀，但不注重舆论的宣传引导，任由不利于自己的谣言流传，会对个人形象带来不利影响。明白了这一点，在日常生活中，我们一定要注重舆论的力量，一是要时刻维护好个人的良好形象，待人亲和，热心助人，彬彬有礼，在身边人中形成有利于自己的舆论氛围。二是要多主动展示自我、宣传自我，将自我优秀的一面展现给上级和同事看，只有得到领导、同事的赏识和好评，才能在职场中获得更多的机会。

改立太子，巩固地位

多年的谋划一朝成真，武则天以胜利者的姿态接受了高宗的册封。

秋日的京城，天高云淡，红叶摇曳，气候凉爽宜人，花团锦簇的皇宫中，到处洋溢着一片喜气洋洋的氛围，册封大典已经徐徐拉开了序幕。一身盛装的武则天在宫女的簇拥下缓缓走过偌大的皇宫，向着太极宫太极殿走去，那里将是册后大典的正式场所。

整个册封大典庄严隆重，烦琐的仪式完成后，武则天坐在了象征着皇后的宝座上，和李治一起接受百官的朝贺。这一刻，武则天切切实实感受到了身为一国之母的无上荣光，也很喜欢这种众星捧月的感觉。

册封大典结束后，成了皇宫大内新女主人的武则天，自然要好好奖赏一下宫中各色人等，她这样做不仅仅是为了进一步烘托喜庆的氛围，显示她的大方和豪爽，还在于她希望通过这种方式，进一步收买人心，毕竟她刚刚坐上皇后的宝座没多久，在宫中还未完全稳固，依旧需要得到官内大多数人的支持。不过突如其来的一件事让武则天加快了惩处王皇后她们的步伐。

原来有一次高宗在宫中闲逛，无意中来到了关押王皇后她们的地方。王皇后看到来人是李治，哭得肝肠寸断，泪水沾湿了衣襟，萧淑妃也是泣不成声，泪水涟涟。

触景生情，李治也是满心伤感，曾经娇美柔弱的爱妻、宠妃竟然沦落到如此地步，都怪自己一时心狠，酿下了难以挽回的大错。

三人互诉衷肠，几多遗憾和悔恨，心地仁厚的李治临走前答应王皇后他们，回去后他就想办法让两人重见天日。

武则天得知这件事情之后，不由得倒吸了一口冷气，眼下她刚刚入主中宫，最怕王皇后她们死灰复燃，看来不能怪自己心狠手辣了，要怪就怪在这高墙耸立的皇宫大内，斗争向来残酷无情。

狠下心来的武则天当即嘱咐心腹，派人将王皇后两人狠狠责打了一番，随后又当面质问李治为什么会有如此的举动，他眼里还有她这个皇后吗？盛气凌人的武则天将李治问了一个哑口无言，心虚的他只好选择退让，任由武则天随意处置两人。

得到了李治的默许，武则天胆气大增，她决定来一个斩草除根，一咬牙将王皇后、萧淑妃两人斩杀，彻底断了李治的念想，也达到了她进一步巩固自身地位的目的。

解决了后宫存在的隐患，武则天又把目光放在了当年曾极力阻挠她登上皇后宝座的大臣身上。武则天深知，和她作对的朝臣们以长孙无忌为核心，其中侍中韩瑗和尚书右仆射褚遂良是长孙无忌最为重要的两个帮手。前番褚遂良言辞激烈，当面顶撞高宗李治，随后不久便被调离京城，贬官到地方任职了，现在剩下韩瑗等人，在解决长孙无忌之前，必须先拿韩瑗开刀。

恰巧韩瑗自己主动撞上了"枪口"。自从褚遂良被贬后，韩瑗很替对方担心，他就找机会上书高宗，希望能够将褚遂良从外地重新调回朝廷中枢，高宗对褚遂良当日顶撞他的行为一直耿耿于怀，因此韩瑗的上书不仅没能帮到褚遂良，反而还连累了自己。高宗不仅一口回绝了他的请求，还将韩瑗一顿斥责，一点情面也不讲。

武则天从中看到了机会，她趁着高宗对韩瑗不满的有利时机，私下里秘密授意许敬宗、李义府等人上书弹劾韩瑗，说他党同伐异，和褚遂良结成不轨的同盟，希望高宗明察。就这样，韩瑗没多久也被贬出京城。曾经在朝中威压一方、呼风唤雨的关陇势力集团，只剩下长孙无忌等少数几个人了，其他大臣或见风使舵，投靠到武则天这边，或隔岸观火，选择明哲保身。

长孙无忌失去了得力助手，如同老虎没了牙齿一般，武则天知道他虽然快失去了和自己对抗的资本，不过依然功勋卓著，在朝中素有声望，不能太操之过急，眼下她还有一件比较紧迫的事情需要去做，那就是改立太子，让自己的亲生儿子李弘上位，只要李弘当上了太子，她的皇后之位也就更加无人能够撼动。

现在的太子是原陈王李忠，当年王皇后为抗衡萧淑妃、武则天她们，将李忠推上了太子之位，并将他认为义子。现在王皇后已死，李忠这个太子的位置也就岌岌可危了。

其实对于自身的处境，李忠也是心知肚明，他知道现在东宫已经被武则天盯上了，太子之位于他而言如同烫手山芋一般，只是他根基尚浅有心无力，只能被动地接受命运的拨弄。

在改立太子的事情上，武则天的头号心腹许敬宗依旧冲锋在第一线。在武则天的授意下，许敬宗写了一封奏折给高宗，奏折中谈及改立太子的事宜，高宗在一番权衡利弊之后，也动了更换太子的心思。

这一次，自从领教过武则天上位的手段后，朝中大臣再没有人愿意出头为李忠说句公道话了，反对声音几乎为零。而李忠也非常识趣，也许他早就等待着这一天的到来，因此当高宗征询大臣们的意见时，李忠主动提出让出太子之位，让弟弟代王李弘入主东宫。

显庆元年（656年）初，高宗颁布诏书，昭告天下，废皇太子李忠，改封梁王，任梁州刺史；立四岁的代王李弘为新的皇太子。

扶立儿子成为东宫之主，武则天心里更加踏实了，母子的名分都得到了明确，这也意味着她在大唐帝国的地位愈加牢固了。接下来，她将主要精力放在关陇势力身上，准备重塑新的朝政格局。

> **韩瑗**
>
> （606—659年），字伯玉，京兆郡三原县（今陕西省咸阳市三原县）人，唐代官员。官至兵部侍郎。反对高宗废王皇后，并为褚遂良申冤，后被诬陷遭贬谪，卒于任上。

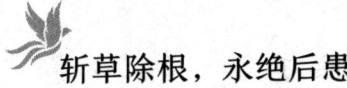

斩草除根，永绝后患

王皇后、萧淑妃被打入冷宫后，念旧的高宗李治又动了恻隐之心，他在探望过王皇后两人后，心生悔意，有了将两人放出的打算。武则天得知消息后，预感到大事不妙，一旦王皇后她们东山再起，必然是一场你死我活的残酷斗争，她不能坐视不理，必须狠下心来将王皇后她们除掉，以永绝后患。

高手成事的秘诀，其实就在"不留后患"四个字上，古语说"千里之堤，溃于蚁穴"，做事留下尾巴或隐患，将来必然会酿成大错，到时后悔已经为时已晚。

因此，我们在做事的时候，首先遇事要能冷静分析，在处理完事情后要全面复盘事情的经过，查看是否存在隐患、漏洞，绝不能冒险让死灰复燃。其次要有杀伐果断的手段和魄力，出手稳准狠，雷厉风行，绝不拖泥带水，将隐患的苗头彻底消灭，不留后患。

化优势为胜势，变潜力为实力

　　武则天如愿以偿坐上了皇后的宝座，她并没有被胜利冲昏头脑。在分析朝野的局势后，武则天认为自身皇后的位置还不稳固，想要长久地坐在这个位置上，就必须把儿子李弘推上太子的宝座，这样母凭子贵，子以母荣，充分将自身的优势进一步扩大，才能成为他人无法撼动的存在。

　　化优势为胜势，变潜力为实力，在实际的企业管理工作中，管理者也应注重这一法则的运用。很多时候我们明明有着巨大的优势，为什么没能将企业进一步发展壮大呢？其实原因正在于没能采取必要的措施，将自身的优势地位继续巩固扩大，不知不觉中就会被竞争对手反超。所以，在具体管理工作中，首先要戒骄戒躁，保持谦虚谨慎的态度，没有优势要打造优势，有了优势要提升优势，确保我们能始终领先一步。其次要充分挖掘潜在的资源、人才、技术等要素，从软实力和硬实力两方面下手，全面夯实自己的基础。

乾陵六十一蕃臣像

瓦解关陇集团，重建新格局

关陇集团，或者说关陇势力究竟是怎样一个存在，为什么会让武则天始终如鲠在喉呢？

说起关陇集团的"前世今生"，它并不是唐帝国的产物，追溯其历史，还要从北魏时期说起。北魏统一北方时，逐步形成了由六镇武将、代北武川的鲜卑贵族和关陇地区豪族组成的军事政治集团，因此关陇集团在最初也被称作关陇六镇。

从地域上讲，因为这些门阀军事势力的籍贯主要在陕西关中和甘肃陇山一带，因此学者就以地域命名，称呼他们为关陇集团。

简单来说，关陇集团起源于北魏，发展于西魏，壮大于北周。尤其是到了北周时期，唐高祖李渊的祖父李虎、隋文帝杨坚的岳父独孤信等"八大柱国大将军"成了关陇集团的重要代表，这样的局面一直延续到唐帝国的建立。关陇势力极为庞大，掌控了很大一部分的朝政资源，当初王皇后的家族就是属于关陇势力的一员，所以她才在朝野之中拥有强大的政治影响力，让武则天费了无数心计才终于将其扳倒。

坐稳了皇后位置的武则天，想起当年以长孙无忌为代表的关陇势力对她的仇视和打压，心中的怒火就会骤然而升，现在她终于有资格向老对手发起雷霆般的反击了。

其实在武则天准备彻底瓦解关陇势力之前，以长孙无忌为代表的关陇势力也不是一点行动都没有，他们也早已从褚遂良、韩瑗被贬的遭遇中察觉到了山雨欲来风满楼的危机，他们也想先一步发起针对武则天势力的行动，恰好在这一微妙的时刻，武则天手下的李义府给了关陇势力一个良好的反击借口。

李义府自从投靠了武则天后，竭尽心思鞍前马后为武则天效劳，武则天投桃报李，没有亏待对方，她借助高宗之手让李义府一路升迁，令李义府很快尝到了职位步步高升所带来的快乐滋味。

德不配位，说的就是李义府这类角色，小人得志的他自恃有武则天在后面为他撑腰，行事愈发嚣张跋扈，除了高宗和武则天少数几个人外，他几乎不把任何人放在眼里，为所欲为，没多久就惹出了一个大麻烦。

原来他有一次在大理寺的牢狱里看到了一名姿色出众的女子，就利用职权将这名女子从监狱里放出，事情闹大后，李义府将同谋大理寺丞毕正义逼死，想要将自己摘得一干二净，撇清责任。不过他的所作所为都被关陇势力一方掌握得清清楚楚，他们纷纷上书高宗将李义府处死。在武则天的力保下，李义府免于一死。

处理完李义府的事情，武则天一肚子怒火，她想不到没等自己先动手，关陇势力竟然主动向她的权威发起挑战，他们表面上是想整治李义府，暗地里的矛头自然对准的是她武则天，看来双方已经到了水火不容的地步了，必须有一方胜出才算了结，不然她将寝食难安，始终无法安枕。

显庆二年（657年），武则天的第一刀砍向了褚遂良和韩瑗。两人先前虽然遭贬，但影响力还在，武则天担心他们有朝一日东山再起，这一次干脆直接永绝后患，两人一贬再贬，终生不得进京。

接着在显庆三年（658年），武则天又以李义府为打手，通过栽赃陷害的方式，将长孙无忌的表亲高履行、从兄长孙详等人贬官到地方，一步步剪除长孙无忌身边的势力。

长孙无忌知道武则天要对自己动手了，他也赶忙采取了应对措施，躲起来编修国史，尽量低调行事。在长孙无忌自己看来，他是大唐首屈一指的功勋元老，武则天再霸道欺人，至多将他官职罢免而已，身家性命肯定没有什么问题。

树欲静而风不止。武则天却睁大眼睛，积极从长孙无忌身上寻找可以打开突破口的地方。正好在显庆四年（659年），有人告发太子洗马韦季方和监察御史李巢暗中勾结，图谋不轨。

其实这原本是一件很简单的案子，审理清楚即可，可是在武则天看来，她找到了可以铲除长孙无忌的办法。在她的授意下，许敬宗对韦季方严刑拷打，最后捏造出一个莫须有的罪名，说韦季方等人之所以胆大包天阴谋反叛，背后的主使者就是太尉长孙无忌。

接到许敬宗的奏折后，高宗李治不敢相信长孙无忌会谋反篡位，只是架不住许敬宗这些人别有用心的挑拨。在他们的蛊惑下，将信将疑的李治只能出手惩治长孙无忌，将他贬为扬州都督，流放黔州（今重庆市彭水苗族土家族自治县）。

虽然将长孙无忌赶出京城外放地方，高宗并不想赶尽杀绝，然而武则天却知道这是彻底瓦解关陇势力的大好机会，她趁热打铁，继续授意许敬宗等人诬告长孙无忌。在步步紧逼下，不堪其辱的长孙无忌选择了自杀。随着长孙无忌的死，唐帝国建立以来以长孙氏、韩氏、柳氏、王氏为代表的关陇势力，在李治一朝被全面瓦解。

> **柳奭**
> （？—659 年），字子邵，一字子燕，蒲州解县（今山西省运城市盐湖区解州镇）人，唐朝宰相，唐高宗首任妻子王皇后的舅父。历任中书舍人、兵部侍郎、中书侍郎等。被诬谋反，最终被杀。

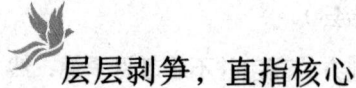

层层剥笋，直指核心

武则天和以长孙无忌为首的关陇势力斗争了多年，凭借高明的手腕，最终成功摘取了皇后的桂冠。在充分巩固了自身地位后，武则天开始对关陇势力动手，具有政治智慧的她并没有乱打一气，而是采取"层层剥笋"的办法，从外到里，一点点将关陇势力剪除瓦解，消灭了她多年的宿敌。

武则天瓦解关陇势力的做法对于我们具有一定的启示意义，现实生活中当我们遇到巨大的难题或障碍时，一时之间很难轻易将它攻克消除，那就不妨采取"层层剥笋"的方法。

首先，综合分析，找到难题的薄弱环节，从薄弱处下手，撕开一条可以进攻的口子。其次，由表及里，由外及内，层层推进，步步为营，一点点地向核心推进。最后，在充分准备的基础上发起最后的"攻克战"，做到毕其功于一役。

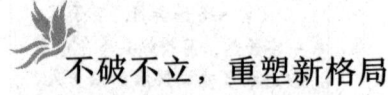

不破不立，重塑新格局

当皇后，立太子，瓦解关陇势力，大唐帝国在不知不觉中迎来了一个新的时代，一个可以让武则天施展政治才华的广阔舞台，她和高宗联手将延续百年之久的关陇势力一举瓦解，在不破不立的基础上重塑新的格局。这正是武则天极具政治魄力的表现，她为自己扫清障碍，在这个新的时代格局下全面发挥自身的才能，一展所长。

在当今快速变化的商业环境下，企业管理者应当充分认识到市场需求的巨大改变，从中意识到重塑格局的重要性和紧迫性，以在复杂多变的外部大环境下做好迎接挑战的准备，寻求新的发展机遇。

在具体做法上，一要有勇气跳出"舒适区"，去大胆探索，勇于尝试，寻找新的破局之路。二是敢于创新，做到思维创新、技术创新、运营创新、产品创新、营销理念创新，在不断创新中积极拥抱新格局下的发展变化。

立人设，扩大自身影响力

　　武则天在一步步攀登权力顶峰的过程中，深刻感受到了"好人缘"的重要性。当年她重回皇宫之时，势单力薄，举步维艰，向上要小心翼翼地讨好王皇后，对下要防备有人在背后说闲话，为了能够在宫中站稳脚跟，武则天开始广施钱财，大打"感情牌"，广泛收买人心。她的一系列举措收到了良好的效果，宫中一有风吹草动，那些被武则天拉拢过来的宫女、内侍们纷纷向她通风报信，这也使得她在和王皇后、萧淑妃明争暗斗的过程中，能够第一时间掌握了信息和内情，牢牢占据了主动的位置。

　　荣登皇后的宝座之后，武则天进一步意识到打造"好人设"的重要性，她行动的第一步就是在天下广大女性面前树立自己亲民的好形象，带头在宫中养蚕，是她展示亲民形象的一个突破口。

　　她每天让宫女采摘新鲜的桑叶，然后抽出时间亲自养蚕，等到掌握了一定的经验之后，她还要求宫女们也跟着她学习养蚕的技巧。

武则天这样做，给她带来了两个好的影响。第一个是高宗李治看到皇后亲自带头养蚕后，格外高兴，他在朝堂之上当着群臣的面夸赞武则天品德贤淑，虽然贵为一国之母，但能放下身段从事农桑劳动，她的行为无疑是给天下所有的女性树立了一个良好的正面形象，值得天下女性学习效仿。

另一个是女性在封建社会中的身份地位一直较低，而武则天以亲身示范告诉大家，女性也能够通过自身的劳动为家庭经济的发展作出贡献，以此来提高自身的社会地位。她的这一举动，在普天下民众面前树立起了一个亲民的好形象。

第二步是派人重新编撰《氏族志》。其实早在唐帝国建立之初，唐太宗李世民就非常注重《氏族志》的编修工作。当时唐王朝新创，急需各类人才为王朝的发展贡献才智，因此在隋王朝开创科举取士的基础上，李世民进一步改革完善科举制度，目的就是打压门阀士族，让广大寒门阶层优秀的才智之士能够成为唐王朝的中坚力量。

为了更好地拉拢带动寒门阶层，在科举制度之外，李世民还着手开展编撰《氏族志》的工作，书中收录二百九十三姓、一千六百五十一家。李世民在谈到编撰该书的目的时毫不掩饰地表态，说无论是高门大族还是寒门庶族，只要能为王朝所用，都属于豪门大族，不分彼此。

李世民这样做的效果也非常明显，通过编修《氏族志》，他收拢了一大批优秀的人才为己所用，这些人成了维护皇权最为坚固的力量。

武则天非常有政治头脑，她在瓦解了关陇势力之后，意识到要进一步拉拢新兴士族阶层的重要性，同时也可以借机提高武氏的影响力。

在具体编修工作上，武则天做了几个较大的改动，一是将《氏族志》改为《姓氏录》，凡是朝中五品以上官员都可以名列其中，这样一些士族官员的出身地位就会得到极大的提高，因此受到了他们的一致拥护。

二是改变以前只允许文官入《氏族志》的做法，在新的《姓氏录》中，五品以上的武官也可以入选，这样一来，一大批中上层武官也对武则天的举动感到暖心。她通过这一小小的改动，轻而易举地赢得了一大片人心。

第三步是以身作则，刻意树立不准外戚干政的好人设。封建王朝中，外戚干政的现象屡禁不止，他们倚仗权势祸乱朝纲，往往将朝堂搞得乌烟瘴气，令人深恶痛绝。武则天为此专门写了一篇《外戚诫》，详细论述了外戚干政的种种危害，向群臣宣告她一定会引以为戒，只要自己坐在皇后的位置上，就不允许外戚借势胡作非为。

当时，正值武则天以皇后身份进见宗庙，唐高宗追封其父武士彟为司徒，附祭于唐高祖的宗庙，其母杨氏也加封为代国夫人，武家荣耀一时，朝堂上难免有人议论，武则天《外戚诫》一文的及时出炉，让众多朝臣无话可说，暂时打消了众人对武则天上位后可能大肆提拔外戚势力的担忧，为后来"二圣临朝"奠定了坚实的思想舆论基础。

为了进一步扩大她在唐帝国的影响力，大约在显庆五年（660年），武则天拉着李治一起返乡省亲。她通过这样的举动向天下臣民展示自己母仪天下的威严，让她的声名更为百姓们所熟知。

于志宁

（588—665年），本姓万忸于氏，字仲谧，雍州高陵（今陕西省西安市）人，唐朝宰相。在隋朝时期任县令，入唐后唐太宗时期任中书侍郎。唐高宗时期历任侍中、左仆射、太子太师、同中书门下三品。武则天时期，被人构陷，左迁荣州刺史，后改华州刺史。

立人设，从好人缘开始

武则天是一个善于立人设的高手，她在重新入宫之初，就非常注重自身人设的打造。平日里她广施恩惠，待人亲切，能够站在对方的立场上考虑问题，懂得以共情的思维与人相处。即使在她当上了皇后之后，依旧用心维系自己的好人设，塑造良好的个人形象，为赢得更多人的好感、尊重和支持，为她接下来的行动铺垫了深厚的群众基础。

立人设，重在让自己有好人缘，比如与人为善，和蔼谦虚，提供积极的情绪价值，在别人遇到困难时，也能够及时伸出援助之手，所有这些都有助于我们树立好人设。

但需要注意的是，立人设时一定要做到言行一致，保持真实性，切忌过分地虚假夸大宣传，水分太大，表里不一，很容易造成人设崩塌局面的出现。

扩大影响力，打造属于自己的人脉圈

历史上的武则天，很注重提升个人影响力和知名度，她采取养蚕、编修《姓氏录》等方式，进一步在天下老百姓面前树立她的亲民形象，不断持续提升、扩大个人影响力，这也为她日后独揽朝政奠定了重要的舆论基础。

职场中，想要拥有深厚的人脉资源，也必须从扩大自身影响力方面做起。一是要懂得互惠法则，受人滴水之恩，当以涌泉相报，互惠互利，彼此成就。二是言行一致，一诺千金，答应别人的事情一定要做到，即使没结果也要及时告知，向对方解释原因，以赢得人们的好感与尊重。三是敢于在众人面前展示自我，将长处和优点展现出来让大家看得到，全力打造个人品牌，提升他人对自己的信任。如此，持之以恒地在互惠互利、获取信任、增强自身实力等方面不断努力，一定能构建出良好的人际关系，拥有自己深厚的人脉资源。

瞻紫极，望玄穹。翘至恳，罄深衷。听虽远，诚必通。垂厚泽，降云宫。（武则天唐享昊天乐·第二）

第四章

二圣临朝：
权力进阶，一展才能

武则天登上皇后之位，又借唐高宗身体抱恙之机，在各方势力间纵横捭阖，最终达成"二圣临朝"的政治格局。

政治的关键是洞彻人心，斗争的要诀则在于时机和火候。

武则天作为一名出众的政治家，步步为营地拉拢打造自己的团队，适时高调地推出自己的核心政策，以积累政治声望；在面临危机时又能冷静应对，在一次次的权力斗争中始终屹立不倒。终于，最高权力的宝座开始向她招手了。

靠实力拿到政治舞台入场券

自显庆元年（656年）后，唐高宗便患上"风疾"（新旧《唐书》中亦有风疹、风眩之称，以现代医学的标准看，可能是遗传性高血压），不时发作。发作时头晕目眩，乃至"目不能视"。至显庆五年（660年）时，已严重到"不视朝"，可能连行动坐卧都已不便，基本丧失了处理朝政的能力。

对于这个猜忌多疑，刚刚清除完前朝势力，摆脱掣肘，却转瞬又陷入健康危机的皇帝来说，保住权力最好的方法，就是倚仗自己的枕边人，对唐高宗而言，武则天既是能带给他情绪价值的贤内助，又是他在政治上最能依赖的"王牌打手"。两人一路走来已结成牢不可破的同盟，同时武则天还受性别和身份的限制，让唐高宗不用担心最高权力旁落。

而武则天的政治能力也足够突出，史载其"素多智计，兼涉文史"，在扳倒长孙无忌、褚遂良，登上皇后之位的过程中，其政治能力已初露峥嵘。唐高宗不时发作且日益危笃的头风之疾，为武则天在权力之路上更进一步送上了绝佳的助攻。

自永徽六年（655 年）登上皇后之位，摆脱身份桎梏以来，武则天便开始参与朝政，协助高宗处理政务。随着高宗皇帝病情的加重，武则天参与朝政的程度也日益深入。至显庆五年（660 年）唐高宗病重不能视朝之后，武则天更是开始全面接管朝政，"自是上每视事，则后垂帘于后，政无大小，皆与闻之。天下大权，悉归中宫，黜陟、生杀，决于其口，天子拱手而已。"（《资治通鉴·唐纪十六》）

在处理政务的过程中，武则天树立了自己的威信，同时通过任免官员，提拔自己人，壮大了自己的政治势力。显庆四年（659 年），之前在废后和扳倒长孙无忌的斗争中发挥了重要作用的急先锋李义府被武则天拔擢为宰相（同中书门下三品），加上之前的许敬宗、崔义玄、王德俭等，标志着武则天系政治势力的正式崛起。此时的武则天，不仅掌握了外朝的核心，在宫内也遍布眼线，她在拿到最高权力的入场券后，利用极短的时间窗口，便完成了权力的巩固。等多疑的唐高宗察觉到威胁时，一切都已来不及了。

武则天迅速崛起不久便让高宗皇帝感觉到了威胁。高宗朝迄今为止的一系列政治事件，看似是武则天在主导，取得一场又一场胜利，但最终的决定权仍在高宗皇帝手里，一切都是其所乐见，一切也都尽在其掌控之中。虽然细究起来，此时的武则天对唐高宗而言还远远谈不上威胁，但已经足够让这位在"四子夺嫡"中一路尸山血海杀将过来的冷酷帝王提高警觉了。对唐高宗来说，武则天是他最可靠的政治盟友，也是打击异己、巩固权力最好用的帮手，但当其显现出试图分走乃至夺去自己权力的苗头时，就完全是另外一回事了。

麟德元年（664年），有宦官告发武则天引道士入宫，行巫蛊之事。早已有所不满的高宗皇帝借机召见宰相上官仪，商议废除武则天的皇后之位。上官仪将这些年武则天如何打击异己、扶持亲信、安插党羽之事一一上奏，高宗皇帝很生气，当场命上官仪起草废后诏书（"上大怒，命仪草诏"《新唐书·上官仪传》）。戏剧性的是，上官仪还来不及起草诏书，宫内眼线便将此事密报给了武则天。武则天立刻找到唐高宗当面对质，剖白心迹。而唐高宗居然戏剧性地退缩了，"上羞缩不忍，复待之如初"，并且为了安抚武则天受伤的心灵，居然把责任都推给了上官仪——"又恐后怨恚，乃曰：'上官仪教我。'"（《新唐书·上官仪传》）。于是，一个只有上官仪受伤的世界达成了——岂止是受伤，最后连命都丢掉了。

无论新旧《唐书》，还是《资治通鉴》，对此次废后事件的记载都极其简略，以至于后人在读到这段的时候感觉几近儿戏，软弱的唐高宗和愚蠢的上官仪义愤填膺的密谋抵不过武则天的寥寥数语和几滴眼泪。

但真的如此吗？唐高宗和武则天这两个政治高手的交手真的如此温情脉脉、轻描淡写吗？

显然不是。

首先看唐高宗的动机，新唐书中写得很明白，所谓宦官告发武则天行压胜之事，不过是个借口，真正原因是"武则天得志，遂牵制帝，专威福，帝不能堪"。而在前一年，即龙朔三年（663年）四月，高宗皇帝已经借贪腐之由将武则天的头号干将李义府下狱，之后更是将其全家流放巂州（今四川省西昌市）。可以确定李治废后并不是一时兴起，而是早有不满和敲打。

其次，麟德元年（664年）在宰相之位（同中书门下三品或同东西台三品）上的有上官仪、许敬宗、刘祥道、窦德玄和乐彦玮。其中，许敬宗是武则天嫡系；窦德玄和乐彦玮在武则天称帝后依然身居高位，可见此时即使没有倒向武则天也至少是中立派；刘祥道是有名的老好人，再加上其接替的是李义府的位置，更是谨言慎行，从不发表意见。只有上官仪是明确反对武则天干政的，在此之前便多次劝谏唐高宗后宫干政有违礼制。唐高宗召上官仪入宫，并且迅速下令，让其起草诏书，可见其废后意图坚决，并且行动周密。

但为何李治又突然退缩了呢？史书记载虽然简略，但可以从其时的背景略窥一二。

首先是武则天的迅速行动震慑了唐高宗。唐高宗身边早已密布武则天的耳目，平日里唐高宗的一举一动武则天都一清二楚。而这次唐高宗和上官仪刚密谋完毕，便有"左右奔告于后"（《新唐书》），武则天迅速赶到现场，当面对峙，杀了唐高宗一个措手不及。对于一位皇帝来说，这种效率足以让其感到恐惧。

其次可能便是武则天的对质自诉，让唐高宗再次明白了武则天的政务能力无可替代。想到自己的病情，想到自玄武门之变以来血腥的继承和朝堂斗争，唐高宗可能瞬间便拎清了孰轻孰重，转而安抚武则天。

不久之后，武则天便以勾结废太子李忠谋反的罪名，将上官仪和此次告密其行巫蛊事的宦官王伏胜下狱。上官仪是现太子李弘的老师，武则天能以这种荒谬的罪名毫无阻力地将上官仪和王伏胜下狱处死，清洗了一大批相关的官员，并赐死废太子李忠，顺手为自己的儿子李弘扫除威胁，标志着其权力得到了彻底的巩固。

这次废后危机之后，通往最高权力的大门彻底为武则天打开了。

在中国悠久的历史中，从来不乏女性政治家的身影，比如商代的妇好、秦国的芈太后、汉朝的吕后、北魏的冯太后等，但最高权力从来都是男人的专属，从未有女性染指——直到武则天集最高权力的名与实于一身，前无古人，后亦无来者。

上官仪

（608—665 年），字游韶，陕州陕县（今河南省三门峡市陕州区）人，唐朝宰相、诗人。贞观初进士，历任弘文馆直学士、秘书郎、太子中舍人等。因起草废后诏书见恶于武则天，被告与废太子李忠谋反，下狱处死，籍其家。其诗歌工整华丽，开创了"上官体"诗风。

时不来时不勉强，时机来临时不犹豫

能力是立足之本，但机遇同样重要。武则天能一步步走向权力巅峰，不仅因为她"素多智计，兼涉文史"，更因为她抓住了唐高宗病重、朝政无人主持的机遇。她借李治病笃不能视政的时机，施展自己的政治才干，树立政治威信，提拔自己的班底占据关键位置，形成自己的政治势力，进而一步步走向权力的中心。

在现代职场中，个人能力固然重要，但也要学会观察环境（如行业变革、公司结构调整等），等待并抓住关键机会，进而实现突破，而不能在时机未到之前便被焦虑和急躁打倒。当时机未来时，不要焦虑，不必勉强，沉下心来提升自己，一旦时机来临，不要犹豫，迅速抓住机会，进而走向成功。

要有意识地建立和积累自己的人脉

纵观武则天上位的过程，她先是在废后和打击长孙无忌、褚遂良的过程中拉拢、安插了一大批政治盟友和宫内耳目，并一早通过提拔李义府、许敬宗等亲信，形成了自己的政治势力，积累了大量的人脉，为以后的事业铺平了道路。

在职场中，拥有人脉的重要意义更多体现在能够便利地获取信息，而能否及时有效地获取信息往往是成败的关键。因此，在职场中要注意和周围的人建立信任关系（如与上司、同事、合作伙伴保持良好互动），保持信息获取渠道的畅通（如行业动态、公司决策），避免因信息差错失机会。

危急时刻，冷静应对比情绪化更有用

当得知李治试图废后时，武则天没有慌乱，而是迅速行动，当面自辩，最终扭转局面。这一系列操作可谓"兵贵神速"这个词最好的写照。其在政治上的敏锐嗅觉、灵活的手腕、沉着冷静的处理方式、杀伐果断的行动力，如教科书一般值得后人细细揣摩和学习。

我们在职场中遇到突发危机时，也要冷静分析、沉着应对，而不要情绪化。心理学研究表明，情绪只会制造问题，而不能解决问题，人在愤怒时智商会下降，做出错误决定的概率会翻倍。因此，我们在面临危机时，也可以像武则天这样，优先调动现有的资源行动起来，谨慎摸索前行，而非纠结于是非对错，带着情绪胡乱做决定。

为女性争得一席之位

乾封元年（666年）正月，唐高宗和武则天封禅泰山，后世耳熟能详的"二圣"格局正式奠定。

封禅可谓中国历史上最为隆重的盛典。"封"即登泰山设坛祭天，"禅"即在泰山脚下设坛祭地，即所谓"登封报天，降禅除地"。封禅代表着一个王朝的正统性，蜀汉昭烈帝刘备给两个儿子分别起名为"刘封""刘禅"，封禅在帝王心目中的地位由此可见一斑。同时，封禅也是对封建帝王"业绩"的肯定，非明君盛世不可擅为，此前仅有秦始皇嬴政、汉武帝刘彻，以及东汉光武帝刘秀等曾进行过封禅，而后世宋真宗则因为强行封禅而沦为笑柄，以至于此后再无帝王愿行封禅，可见封禅意义之重大。

唐高宗的这次封禅又尤其特殊：

一是意义重大。自东汉光武帝刘秀建武三十二年（56年）封禅泰山以来，已有六百余年未有帝王封禅。本来自三国分裂、两晋陆沉、隋唐归一以来，最有资格进行封禅的帝王非唐太宗莫属，但机缘巧合之下最终未能成行。此次封禅不仅是再续中华正统的宣言，也是唐王朝展示"业绩"的"成人礼"。

唐高宗龙朔（661—663年）年间，唐王朝领土面积接近巅峰，已与史家公认的巅峰总章二年（669年）相差无几。永徽元年（650年），名将高侃击灭东突厥残部，追击至金山（今阿尔泰山），俘其首领车鼻可汗，突厥诸部皆降，唐高宗设单于、瀚海两都护府管辖其故地，彻底扫除了东突厥对北方的威胁，"自是北边无寇三十余年"（《唐会要·北突厥上》）。此后，唐王朝进一步向西向北扩张，灭西突厥，降服诸小国无数，至龙朔二年（662年）薛仁贵和契苾何力平定铁勒九姓，唐王朝不仅彻底平定西域，还扩张至中亚乃至波斯，将丝绸之路进一步掌握在了手中。此外，在东北唐王朝彻底灭亡了宿敌高句丽，驻兵新罗、百济；在西南设立姚州都督府（今云南省姚安县），领土范围接近极盛。

与此同时，人口和农业生产也在快速恢复，户口数从贞观年间的不满300万增长至永徽三年（652年）的380余万，农业连续丰收，粮价得以维持在较低水平。永徽五年（654年），"洛州粟米斗两钱半，粳米斗十一钱"；麟德二年（665年），"米斗至五钱"（《资治通鉴》）。唐王朝的国力也开始走向巅峰，此前历朝历代的封禅，皆无如此风调雨顺、国丰民殷的天时，也因此高宗朝的这次封禅在规模上也远超以往。

二是开女性参与的风气之先。封禅自古以来都是男性的主场，但武则天的存在彻底扭转了这一历史。

这场封禅从一开始便与武则天绑定在了一起，用今天的话说，"封禅"这个项目从开始的立项，中间的筹备，到最后的实施，第一项目经理都是武则天，唐高宗只是名义上的领导和上台领取荣誉的"领奖人"。

其实早在太宗皇帝在位时，封禅时机便已成熟，朝臣讨论也已相当深入，甚至贞观十五年（641年）已接近成行，只是未能付诸实施，之后太宗皇帝身体每况愈下，遗憾地与封禅失之交臂。高宗即位后，封禅之议再度提上日程，武则天被立为皇后之后，才最终帮高宗李治下定了决心。"高宗即位，公卿数请封禅。则天既立为皇后，又密赞之。"（《新唐书·礼乐志》）纵观封禅的决策过程，从贞观朝到高宗即位一直热度不减，但直到武则天被立为皇后之后，才通过对高宗的"密赞"一锤定音——"封禅"这一项目至少在高宗即位（649年）到正式立武则天为后（655年）这六年的时间里毫无进展，可以说相比于唐高宗，武则天才是封禅立项的真正决策人。

那么，武则天为什么对这件男人专属的事情如此上心呢？希望自己男人比肩古代贤君明主的恋爱脑自然是不存在的，更合理的猜测应该还是为了权力之路的更进一步。

自古政治讲究"名正言顺"。武则天以父妾嫁子，虽然对胡风浓厚的唐王室来说并不算什么，但如果想在政治和权力的道路上更进一步，"名正言顺"这四个字便显得至关重要了，不把这四个字掌握在手中，无论看上去如何权势滔天，终究也不是无可替代，随时可以被皇帝换掉，被朝臣攻击。封禅的名分和重要性对武则天和唐高宗而言，显然武则天更为看重，因此，对于封禅这件事自然武则天比唐高宗更加上心。

而如果按照惯例进行封禅，很难给身为女性的武则天带来真正的政治好处。武则天忙活一通，岂不还是为人作嫁？

一流的政治家向来是走一步看三步的，绝不会只靠本能，应激式地决策。武则天早在决定参与封禅的那一刻开始便计划好了一切，这场封禅不仅会在"实"上巩固其权力，更会在"名"上为其补足短板，甚至树立起不下于古之贤君的伟岸形象。

接下来看武则天步步为营的一连串妙招。

显庆四年（659 年）六月，高宗命中书令许敬宗议定封禅仪注，许敬宗提出"禅祀"以上两代皇后为配（与"封祭"时以上两代皇帝为配相对应），高宗同意。"敬宗请以高祖、太宗俱配昊天上帝，太穆、文德二后并配地祇。从之"（《旧唐书·礼仪志》）。封禅第一次有了女性的参与，虽然是已经不在世的女性，但毕竟开了口子，为武则天后续的出招找到了发力点。（注：据《新唐书》和《资治通鉴》的观点，此时许敬宗已提出以皇后为"亚献"，并招致反对，但被高宗强行通过。但这一说法似无确证，武则天作为一名优秀的政治家，在准备工作未完成时完全没必要将自己的核心意图过早展露出来，招致无谓的变数。同时从后来武则天的《请亲祭地祇表》中的措辞来看，也不像是既定方案遭到修改后的抗议之言辞，因此仍以《旧唐书》为主线。）

同年九月，许敬宗、李义府等人奏请重修贞观朝编修的《氏族志》。高宗同意，"命礼部侍郎孔志约等十二人刊定，改称《姓氏录》。"（《旧唐书·卷八十二·李义府传》）这其实是武则天"名正言顺"之路上的重要一环。通过重修《氏族志》，武氏家族从贵族不齿的商人世家跃升为一等豪族，在名义上与太原王氏、京兆韦氏等五姓七望的传统豪族平起平坐。她那些寒门出身的死党也自此在名义上有了与豪族类似的上升渠道，提拔起来比以前轻松得多，顺手还打击了那些一直反对她的贵族势力。优秀的政治家向来擅长一举多得，借力打力，武则天的这一连串手段可谓十分精彩。

到麟德二年（665年）封禅即将成行时，武则天的最终目的显露了出来，其之前围绕自己出身和姓氏所做的准备工作也在此时派上了用场。"麟德二年二月，车驾发京，东巡狩，诏礼官、博士撰定封禅仪注。"（《新唐书·礼乐志》）高宗一行抵达洛阳后，礼官拟定的封禅仪注与六年前许敬宗提出的无异，但这次武则天开始对"亚献"和"终献"的人选问题提出异议。根据大臣们拟定的仪注，无论封礼还是禅礼，都由皇帝担任初献（即主祭），亚献和终献由公卿担任，基本沿袭了东汉光武帝刘秀封禅泰山时的安排。但这一次武则天要求由自己担任亚献，并且将公卿排除在祭祀之外。这一点立即招致一片反对。要知道，汉武帝封禅泰山时完全是由皇帝一人祭祀，武则天的提议简直亘古未有。

但武则天理直气壮，以一封《请亲祭地祇表》打动了唐高宗。《请亲祭地祇表》原文已经散佚，从残缺的一些文段来看，其主要内容包括：一、天子天父地母，应父母并重，皇帝不应只主持封礼，禅礼也应亲自主持，而不应该扔给公卿；二、按照封禅的仪注，祭天地也是祭父母，此乃帝王家事，应当都由宗室人员担任，怎么能有公卿参与呢？三、"礼缘人情""阴阳并重"，我也应该带领宗室女性参与祭祀，以表孝心。国之大事，在祀与戎。武则天从儒家礼仪出发，以天人感应、君权神授为纲，合情合理地将封禅这一典礼与皇权合二为一。当事人唐高宗乐见其成，而群臣由于忌惮猜忌，也不敢继续公然反对。而在皇帝和群臣实现纳什均衡的缝隙里，武则天真正利己的主张也得以毫无异议地通过——她如愿以偿地拿到了亚献的角色，同时担任终献的不过是毫无威胁的越王太妃（李治乳母）。这一次她真真正正地在皇权上分得一杯羹，所谓"二圣临朝"，也终于在实质上正式形成。

上元元年（674 年）秋八月，武则天和高宗并称天皇天后，皇帝和皇后名正言顺共同执政的二元体制第一次出现在中国大地上。最高权力的宝座上，第一次名实兼具地有了女性的一席之地。

> **许敬宗**
> （592—672 年），字延族，杭州新城（今浙江省杭州市富阳区）人，唐朝官员。唐太宗时期，官至中书侍郎，唐高宗时期，任礼部尚书。支持武则天为后，之后官拜右相。素有文采，曾兼修《晋书》《武德实录》《贞观实录》。

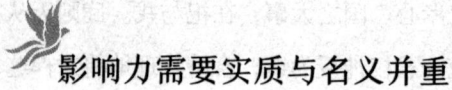

影响力需要实质与名义并重

武则天通过修改《氏族志》、参与封禅，以及一系列配套政策，包括提拔寒门、选拔女官、编写书籍等，为自己的权力合法性奠定了基础，做到了师出有名。

同样，我们在职场中，既要掌握核心技能（实质），又要聚焦于自己的不可替代性（掌握稀缺技能或深耕细分领域），同时不能自命清高，也要努力争取可见的认可（名义），如奖项、头衔等。避免"有实无名"而被忽视、被推诿，长期居于"隐形贡献者"的状态，抑或"有名无实"难以服众。

有名无实是哗众取宠的空中楼阁，有实无名更是怀璧其罪的取祸之道。在职场中，一定要时刻牢记名与实并重。

做事要有过程思维，长期规划，分步实施

武则天从提议封禅到最终主导祭祀，用了多年时间逐步推进，而非一蹴而就。她通过自己的政治智慧、战略规划和执行力，最终在男权主导的封建社会中争取到"二圣临朝"的地位。

我们在职场中也要设定长期目标（如职业转型、个人成长），并拆解为可执行的短期步骤，同时耐心积累资源，等待时机，避免急功近利。可以效仿武则天从主动承接边缘但关键的任务开始，逐步争取资源，逐渐用业绩证明自己的价值，最后抓住机会，完成关键的"惊险一跃"。

要善于借势造势，整合资源

武则天利用高宗的支持、许敬宗等盟友的助力，以及儒家礼仪理论，让自己的行动变得名正言顺。通过封禅大典，武则天不仅巩固了权力，更重塑了自身的政治合法性。她以"祭祀改革"为切口，逐步渗透权力核心，最终实现从"幕后策划"到"台前主导"的跨越。这一过程完美诠释了"借势、造势、资源整合"的顶级政治智慧。

我们在职场或者日常生活中，也要学会借力，如上级支持、行业规则和趋势等，借势造势，充分利用可用的资源，减少推进阻力，最终实现自己的目标。

建言十二事：政治家的远见卓识

一个优秀的政治家，除了纵横捭阖的手腕和深不见底的城府，还要有自己立得住的理论。"二圣"格局彻底巩固之后，一直躲在唐高宗背后的武则天开始提出自己的治国路线和纲领，在通往最高权力的路上再次迈出坚实的一步。

唐高宗上元元年（674 年）十二月，武则天上表建言十二事：

一、劝农桑，薄赋徭；

二、给复三辅地；

三、息兵，以道德化天下；

四、南北中尚禁浮巧；

五、省功费力役；

六、广言路；

七、杜谗口；

八、王公以降皆习《老子》；

九、父在为母服齐衰三年；

十、上元前勋官已给告身者无追核；

十一、京官八品以上益禀入；

十二、百官任事久，材高位下者得进阶申滞。

——(《新唐书·卷七十六·后妃传上》)

这十二条纲领的具体措施已经散佚，只有条目留存了下来，其中恢复促进社会经济的举措有四条：一、促进农业生产，轻徭薄赋；二、免除长安及周边区域（三辅即京兆、右扶风和左冯翊）的赋税徭役；三、停止用兵，减轻人民负担；五、削减大型工程，减轻人民的劳役负担。

关于社会风气的举措有三条：四、抑制奢侈风气；八、全国上下学《老子》；九、之前父亲在世母亲去世的情况下为母亲守孝一年，现在改为三年，与为父守孝相同。

关于官吏制度的举措有五条：六、广开言路；七、严惩诬告；十、高宗上元元年以前授予的勋官身份不用再追核，直接承认；十一、京兆八品以上官员涨工资；十二、长期未获升迁的有才能的官员可以破格提拔。

这些措施体现了武则天作为一名优秀政治家的素质：一、底线明确，清楚自己的责任，其主张休养生息、鼓励勤俭之策都是符合当时社会经济需要的及时之举——"在位者谋其政"是一个政治家最高的政治素养；二、依据规则斗争的智慧，知道如何为自己真正想要的东西披上名正言顺的"外衣"，比如为母守孝与为父守孝看齐，看似提倡孝道，实则除了倡导男女平等，也是对贵族势力的打击，为下层寒门提供更多的上升空间；三、注意分寸和进退的智慧，比如自己信佛，却依然能顺应李唐皇室的核心意识形态，提倡学习《老子》，此外承认勋官身份，以及收敛之前打击政敌的举措，严惩诬告，都是在与贵族势力和解，以减少阻力。在最后的惊险一跃之前，武则天采取这些举措巩固现有的地位，并为最终的斗争积累实力。

武则天的这些举措也得到了唐高宗的认可，"皆诏行之"。史家对武则天褒贬不一，但都承认其继承了贞观朝的政治经济政策，进一步促进了社会经济的恢复和发展。从《建言十二事》及日后的施政举措（如亲自编著颁行农书《兆人本业》）来看，武则天对农业生产和普通百姓的重视是始终如一的，这也是其女权主义本色之外，另一个使其得以超越玩弄权术的政客，被后世视为一代政治家的关键所在。

李义府

（614—666年），瀛州饶阳（今河北省衡水市饶阳县）人，唐朝官员。唐高宗时期，上表废王立武，被拜为宰相。任相期间，恃宠用事，流放嶲州（今四川省西昌市）而死。

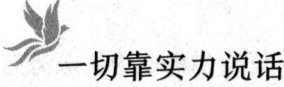
一切靠实力说话

武则天能够一步步登顶，单靠权术是做不到的，根源还在于她是一位有自己核心独立政见的政治家。因此，才能团结一大批人才在她身边，为她所用，助她成事。

强势如武则天也需要用实际成果赢得认可，而非仅靠权力压制，现代职场的普通人更应树立"一切靠实力说话"的理念。

职场中靠实力说话，实力是唯一不会被剥夺的资本。要尽量增强自己的核心竞争力，用数据和业绩打造自身的不可替代性，拥有让自己站得住的东西，才能不畏任何不公，在职场中乘风破浪。

务实与灵活并重

武则天自己信佛，但仍提倡学《老子》，既安抚李唐旧臣，又避免与道教势力直接冲突，减少了在推行新意识形态时的阻力。而纵观其政治生涯，其从"二圣"直至称帝的渐进式策略，也体现出其灵活的政治手腕，避免了社会的剧烈动荡。

我们也要避免僵化思维，学会"目标不变，方法灵活"，根据环境和实施情况灵活调整自己的策略，坚持核心目标不动摇的同时尽力降低阻力。

在具体实施的过程中也要灵活多变，学会借势而为，顺势而行，在时机不成熟或者大环境不允许时，先顺应现有规则而行，再等待时机，逐步寻求突破。同时，应尽力扩大一致而非激化分歧，用"共同利益"说服他人，让自己获得尽量多的支持，进而达成自己的目的。

"北门学士"之谋

　　"二圣临朝"的格局确立之后，虽然大体上无人敢置喙，但在国家大事上，武则天仍远远谈不上一言九鼎，大批关键位置，尤其是相权仍为世家大族所把持，武则天亟须建立自己的政策班底和智囊团，因此大批起用寒门文士，绕过宰相的任命程序，以"翰林待诏"或"内供奉"等名义让他们直接为自己服务。这些寒门文士在当时即被称为"北门学士"。

　　所谓"北门学士"，并非具体的官职名，而是类似标签的统称。他们被允许从北门进出参与机要政务。所谓"北门"即玄武门，与宰相办公的"南衙"相对。

　　据成书于唐宪宗元和年间的《翰林志》记载，"北门学士"一词始于唐高宗乾封年间（666—668年）："乾封以后，始曰北门学士、刘懿之、刘祎之、周思茂、元万顷、范履冰为之。"从政治上看，武则天提拔的这一批经科举出仕的寒门文士，已是后世内朝决策的雏形。

在武则天的权力之路上，这批北门学士发挥了极大的作用。

其一，提供智囊支持，辅助其决策。

其二，提供舆论支持，通过编修书籍（《臣轨》《列女传》《百僚新诫》等），制造舆论（689 年的"洛水献碑"等）为武则天最终夺取皇位提供了周密的理论和舆论准备。

其三，武则天拥有了真正可以在政治战场上为其拼杀的"私兵"，在拆分相权、高宗驾崩、废立皇帝、打击宗室、镇压叛乱等关键节点上，均发挥了极其关键的作用，为武则天的最终登基扫清了障碍。

所谓政治，归根结底是用人之道。事情需要人去做，职位需要人来占，人心也需要人来操控，得人才者得天下。天下难事，莫过于识人用人，武则天最终能以一介女流登上权力巅峰，创下前无古人、后无来者的功业，其识人用人之能，大概放眼中国历史，也当属顶尖之列。

刘祎之

（631—687 年），字希美，临淮阳乐（今江苏省常州市）人，唐朝宰相，北门学士之一。历任中书舍人、相王司马、中书侍郎、同平章事等。武则天时期，深受信任。素有才华，与人同撰《列女传》《乐书》等书。

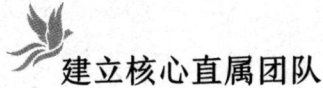

建立核心直属团队

武则天招揽北门学士，让他们以非正式名义（如"翰林待诏"）参与决策，规避了传统晋升路径的限制，绕过传统官僚体系（"南衙"），直接将其作为自己的智囊团和执行者，建立了自己的核心直属团队。

与武则天延揽北门学士类似，我们在职场或创业中，也要有意识地培养可靠的"核心团队"，而非完全依赖公司现有架构。选择志同道合、能力互补的伙伴，更有利于共同推动目标。

关注人才潜力而非资历或背景

在团队建设中，要关注"潜力股"，而非只看资历或背景。武则天重用寒门文士，他们因出身普通、缺乏传统资源而更珍惜建功立业的机会，因此表现得更忠诚、更努力。

现代管理者识人用人也要学习武则天的雪中送炭，而非只盯着现有体系锦上添花。而在个人发展上，若出身普通，则更要加倍地努力，不急不躁，待时机来临时抓住机会有所作为。

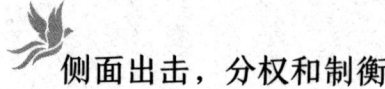

侧面出击，分权和制衡

北门学士削弱了宰相（世家大族）的权力，形成新的决策中心。同时，即使从武则天称帝后的行为来看，其对北门学士的任用也一直是保持低调的，极力避免与宰相系统的正面冲突。

从正面拿走别人的东西自然会招来反击，但如果迂回出击，低调行事，便能减少阻力。

对于现代管理者来说，在管理中也要避免权力过度集中，可通过分权或交叉监督提高效率。同时在职场中，也不能过于依赖单一领导或部门，要注意建立多元化的支持体系。

果敢平乱，怜惜人才

　　弘道元年（683年）十二月，唐高宗驾崩，临终遗诏："太子柩前即位……军国大事有不决者，兼取天后进止（《资治通鉴》）。"四天以后，李显即位，是为唐中宗，武则天被尊为皇太后。武则天仍然牢牢掌控权力，最终不仅仅是"军国大事有不决者，兼取天后进止"，而是"政事咸取决焉"，武则天已成为朝政的实际掌控者和决策人。而这也为中宗和武则天的母子反目埋下了伏笔。

　　在朝野遍布武则天势力的情况下，中宗唯一有施展空间的便是人事权，但这显然触及了武则天的禁区。光宅元年（684年）二月，唐中宗欲以韦后父韦玄贞为侍中（宰相），宰相裴炎极力反对，惹得唐中宗大怒，甚至扬言将天下送于韦氏亦无不可："我以天下与韦玄贞何不可！而惜侍中邪？"（《资治通鉴》）裴炎将此话密告武则天，为武则天废黜中宗提供了关键借口。武则天随即召集羽林将军程务挺，会同裴炎密谋，仅仅五天后便废黜中宗李显，改立李且为帝，即为唐睿宗，而此时距离李显登基刚刚过去五十五天。武则天临朝称制，自专朝政，中宗李显被废为庐陵王。

武则天的雷霆手段也让朝廷上下一片哗然，毕竟这次废立已几近霍光废刘贺，而武则天明显比霍光更加举重若轻。官员们虽然慑于武则天的权势，不敢直接抗议，但不满情绪早已暗流涌动。武则天对此心知肚明，索性找了些借口，将平时看不顺眼却又占着关键位置，有成为隐患嫌疑的一大批官员贬离长安。其中便有徐敬业、徐敬猷兄弟，以及担任要职的唐之奇、杜求仁等。

但令武则天没想到的是，她的做法反而为反对派提供了一整套能文能武的班底，以及一个胆大包天的领导者。

徐敬业、徐敬猷兄弟是武则天在老派军功贵族中的关键支持者李绩的孙子，此时还叫李敬业、李敬猷，造反失败后才被武则天剥夺李姓。其中，徐敬业素有勇名，后世笔记中多有其早年间机智勇敢、有勇有谋的轶事流传，散见于《智囊》《隋唐嘉话》等。总之，这是一个出身贵族、素有勇名，并且跟李唐宗室相当亲近也相当有声望的一个人物。

这一批被贬往南方的官员在赴任途中，都需要在扬州落脚，这个大运河上的交通枢纽，成了大批被贬官员的集散地。而部分扬州本地官员也对武则天心怀不满，两厢一拍即合。684 年，徐敬业在扬州本地官员的帮助下，诛杀扬州长史，以"匡复庐陵王（李显）"的名义起兵，收容流民，释放囚犯，短时间内便聚兵十余万。徐敬业起兵后一方面攻击镇江，试图割江南自立，另一方面听取魏思温（同为被贬官员）的建议发兵攻击洛阳。更有骆宾王为其撰写《讨武曌檄》，痛斥武则天窃国篡权，一时间天下震动。

同时朝堂之上也人心浮动，宰相裴炎更是直接上书要求武则天复立李显，他这一首鼠两端的行为也为日后自己的命运埋下了伏笔。

武则天没有被朝堂的不满和反对吓到，也没有给舆论留下发酵的时间。她当即命左玉铃卫大将军李孝逸为扬州道大总管，率兵三十万，前往征讨。同时也对舆论做出了回应——亲读那份对自己极尽污蔑羞辱的《讨武曌檄》。

据《新唐书·骆宾王传》的记载，武则天读这份檄文时，一开始"嬉笑自若"，因为檄文中列举的都是流传已广的政治谣言，这些对其个人捕风捉影的人身攻击造不成实质威胁，比如"伪临朝武氏者，性非和顺，地实寒微"攻击其出身，并列举她"杀姊屠兄，弑君鸩母"的罪行，在武则天看来便不值一哂。她本来的政治根基便是起用寒门，攻击其出身，反而是在帮她团结基本盘。至于"杀姊屠兄，弑君鸩母"便更是文人为了押韵罗织的罪名，反而是帮忙了——"杀姊屠兄"（杀其姐韩国夫人和异母兄弟）武则天不好辩驳，但后边接上"弑君鸩母"反而帮武则天脱罪了，所谓"弑君"可有证据？所谓"鸩母"，武则天有何必要去毒杀一位 92 岁的老人？这两条放在一起，反而连前边人人怀疑的罪名都显得不可信了，也难怪身为政治家的武则天看到之后会"抚掌大笑"。

不过显然不止于此，后边读到"一抔之土未干，六尺之孤何托"时，武则天不由得面色大变，这句话的煽动性显然和前边的人身攻击不可同日而语。高宗尸骨未寒，新皇便遭废黜，武则天纵有千般理由，面对这种不容辩驳的事实也无可推脱。天下愤然，何以解之？武则天再次展现出顶级政治家的"急智"，惊问左右："谁为之？"得知是骆宾王之后，又神补刀地叹息道："宰相安得失此人！"转移话题的同时，再次强调了自己的爱才惜才，以及不拘一格的用人之道。

武则天究竟是在什么场合阅读这份檄文的，史书未记载。但其反应却被活灵活现地记载了下来，仿佛史官就在现场，颇有太史公描写韩信陈豨密谋的风采。而武则天的"急智"也颇有几分汉高祖刘邦"大丈夫定诸侯，即为真王耳，何以假为！"的风范。可见，武则天能迅速平定徐敬业叛乱，绝非运气使然。

684 年，李孝逸大败徐敬业军，徐敬业逃往润州，为部下所杀，骆宾王不知所终。

> **徐敬业**
>
> （636—684 年），即"李敬业"，曹州离狐（今山东省菏泽市）人，唐朝官员。李绩的长孙。历任太仆少卿、眉州刺史，贬柳州司马。与失意官员起兵于扬州，后兵败被部下所杀。

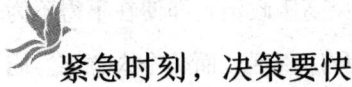

紧急时刻，决策要快

武则天在李治驾崩后短时间内面临的危机，其实并不能说不严重，但武则天迅速行动，废黜中宗李显，改立睿宗，并在徐敬业叛乱时果断派兵镇压，避免局势恶化，危急时刻的快速决策能力，不得不令人佩服。

我们现代人在职场或生活中遇到突发情况时，也需快速分析形势并做出决策，而非犹豫不决。要达到这一目标，就需要在平时培养"预案思维"，提前设想可能的危机及应对方案。这样才能在紧急时刻快速做出反应，进而及时解决问题。

警惕"过度打压"的反作用

将大量政敌集中贬谪到南方，如徐敬业兄弟、唐之奇、杜求仁、魏思温等，导致他们在扬州集结，为他们提供了合谋造反的理想环境，不得不说是武则天的一个失误。

对待对手，一方面不能一味打压，而应适时用合作加以分化；另一方面要对敌人的串联保持高度警惕，不能大意之下给对方可乘之机。

现代管理者在用人时要极力避免高压政治，即使在不得不为时，也要尽量保持克制，用制度和程序说话，而非个人意志。同时，对人才不能过度打压，即使不能为我所用也要给对方留足退路，避免物极必反。

面对批评不激动，哪怕是不合理的批评

面对他人的指责时，应冷静理性地区分情绪化攻击与有价值的批评，对前者可忽略不计，对后者则需反思改进。武则天读《讨武曌檄》时，对人身攻击"嬉笑自若"，但对触及实质的批评，如"一抔之土未干，六尺之孤可托"的指责，则态度严肃，高度重视。

面对关键的攻击时，我们可以学习武则天用幽默调侃的语言或转移话题的方法化解尴尬，同时展现自己的胸襟——"宰相安得失此人"，进一步团结自己人，分化敌人，将不利转化为优势。

大胆创新，破格用人

经过废帝风波，巩固政权后，武则天设立了许多新制度来选拔人才，不仅为大批平民寒门子弟开辟了上升通道，还为此前与仕途无缘的女性和僧侣群体提供了出仕的机会。这些举措不仅为武则天巩固政权提供了支持，也为即将到来的开元盛世储备了大量人才。

在此之前，人才的选拔被关陇士族垄断，出仕途径也以门荫和科举为主，寒门子弟在科举上往往不是关系网庞大的贵族子弟的对手。为了打破这一局面，为自己和国家延揽人才，武则天鼓励人才自荐。

垂拱元年（685 年）"诏内外文武九品已上及百姓，咸令自举"，无论出身、地位，甚至商人、僧人和女性，只要认为自己有才能，均可向朝廷自荐。又设立存抚使到各地寻访人才，推荐至中央。自荐和推荐的人才经过考试合格后便可授予官职。通过这一制度，大批有才能的人士得以进入官员体系，迅速充实了官员队伍，进一步将贵族势力排挤了出去。

　　总体来说，武则天通过扩大选拔方式招揽人才，不仅达到了自己的政治目的，也实实在在地提高了社会阶层的流动性，无论对于人才储备还是制度创新都影响深远。

骆宾王

　　（约640—约684年），字观光，婺州义乌（今属浙江）人，唐代官员、文学家、诗人。曾任临海丞，因此被后人称为"骆临海"。后随徐敬业起兵反对武则天，兵败后，下落不明。在诗文上与王勃、杨炯、卢照邻齐名，并称"初唐四杰"。

要以能力为导向，打破人才选拔壁垒

武则天通过鼓励人才自举的方式，打破了士族垄断，让寒门子弟有机会凭能力进入仕途，还允许商人、僧人、女性等非传统群体自荐，只要通过考核即可授官，属实是创新之举。

这些措施在现代管理学理论看来也是极具积极意义的。比如，我们经常强调要破除"唯学历论"和"关系至上"，现代社会中各种职位"逢进必考"，不遗余力地保障考试的公平性。

在企业管理中，武则天的人才政策也能带给我们许多启发。比如，在招聘时减少对名校学历的滤镜，增加实操测试；针对不同岗位设计专项考核，强调专业技能水平；KPI细化、可视化，避免模糊，做到赏罚分明。

别等领导发现，自己先举手

当武则天宣布鼓励人才自荐的政策之后，一大批人才积极前来自荐，一展才华，并因此得到了出仕及晋升的机会。

在现实生活和工作中，伯乐未必常有，因此不能一直等着自己的才华被人发现，在适当的时候要积极展现自己，让别人首先看到自己，然后赏识自己。

尤其是在职场，不要等着被领导发现，要主动让领导发现自己。比如，当公司内部竞聘时，不要胆怯和犹豫，积极报名，大胆展示自己。怀才而不声张、不表现，即使有伯乐也不可能凭空知道你具备哪些才华。

广开言路，善于纳谏

垂拱二年（686年），武则天下令制造铜匦（铜制的小箱子），置于朝堂，随时接纳臣民表疏。"命铸铜为匦，置之朝堂，以受天下表疏铭"（《旧唐书》）。

铜匦最初有四个，分布于朝堂的东南西北四角，涂以青、丹、白、黑四色，以示不同功能。东侧青色为延恩匦，用于自荐或求仕；南侧红色为招谏匦，用于批评朝政得失；西侧白色为申冤匦，用于申诉冤屈；北侧黑色为通玄匦，用于告密。后来为了方便管理，武则天将其合并为一个，但仍设有东南西北四口，名字、颜色和功能也与之前一致。任何人（包括平民、囚犯）均可投书，可实名也可匿名。铜匦由专人（理匦使、知匦使）管理，每日汇总，确保信息及时传递至武则天手中。"理匦使一人，知匦使一人，每日受纳，暮进内。"（《旧唐书》）

这一制度为武则天网罗人才和掌握舆情提供了极大的助力，是人才自荐制度的关键一环，同时也为她打击异己提供了方便，大大助长了告密罗织的风气。武则天通过这一制度配合鼓励告密、任用酷吏，清洗了一批李唐旧臣，如裴炎、程务挺等，还顺势打击了一大批李唐宗室贵族。

铜匦制在帮助武则天清洗异己、巩固政权的同时，也给平民百姓带来了一些实际的好处，一些冤案通过铜匦上达天听，得以平反昭雪，同时大大震慑了贪官。下情上达渠道的畅通，也使得官员们横征暴敛的行径有所收敛，救灾行动更加及时。《唐会要》载："垂拱中，频年丰稔，义仓充实，每遇灾荒，即开仓赈给。"武则天还经常对灾区减免赋税，减轻了劳动人民的负担，缓解了社会矛盾。

> **裴炎**
>
> （？—684 年），字子隆，绛州闻喜（今山西省运城市闻喜县）人，唐朝宰相。高宗时期，历任起居舍人、黄门侍郎等职。受遗诏辅佐中宗，后与武则天定策废中宗，立睿宗。武则天"临朝称制"时，因请求武则天归政获谋反罪被杀。

开放包容，鼓励发声

武则天的铜匦制中特别设立了"招谏匦"和"申冤匦"，为底层官员和百姓提供了发声渠道，同时还允许匿名投书，避免人们因顾虑身份和代价而不敢发声。

这与我们现代的匿名反馈机制，如意见箱、热线电话、网络平台的内在原理是一致的，说明从古至今言论通道一直是社会体制中极其重要的一环。

作为一名管理者，需要格外重视员工的意见和建议，要能够广开言路，虚心纳谏。同时，管理者自己也要有开放包容的胸襟，永远对人不对事，不要因人废事、因言废事。

对于收集到的信息积极回应

通过铜匦制，一些冤案上达天听，最后得以平反昭雪。武则天在收集到信息之后，积极回应，既安抚了民众，又震慑了贪官。

古有商鞅徙木立信，可见执政者赢取百姓的信任极为重要。如果从发声渠道汇集来的建议没有得到响应，那么反馈机制也会沦为摆设，比如屡见不鲜的长期无人问津的意见箱。

　　放在当下的环境下，管理者应重视反馈机制的有效性，避免好不容易才建立起来的发声通道沦为摆设，导致员工积极性受挫，团队离心离德，失去活力。

　　管理者应定期公开反馈处理结果，对于有效的意见，在工作中做出切实的调整；对于无效的意见，适当加以情况说明；还可以对有效建议的提供者加以奖励。通过这些措施提升员工的主人翁意识，强化员工的归属感，团队也会更加活跃，富有创造力和开拓精神。

第五章

女皇崛起：知人善用，权倾天下

武则天精心布局，积极造势，终于荣登皇帝宝座。这位雄才大略的女政治家要用自己的治国之道开创一个盛世王朝。

　　唐高宗去世后，贵为"天后"的武则天大权独揽，成为大唐王朝的实际统治者。但对于武则天而言，她还有更高远的目标，那就是成为一代女皇，开创独属于自己的盛世天下。为了这一目标，武则天做了充分的准备，她韬光养晦，待时机成熟后顺势而为，终于登上了皇帝的宝座。通过"武周革命"，武则天成了中国历史上第一位女皇帝，强势崛起的武则天将采用自己独特的方式治理大周的天下。

懂得造势，才能收拢人心

"二圣临朝"时期，武则天就已经确立了自己的政治目标，唐高宗在临终的遗诏中又明确了"军国大务不决者，兼取天后进止"，奠定了武则天在政治上至高无上的地位。武则天虽然临朝称制，大权独揽，但她非常清楚想要称帝不能操之过急，必须在各个层面都有非常成熟的准备，所以她非常谨慎并且十分周密地为自己造势，创造有利于自己的条件，逐渐靠近皇帝的宝座。

唐高宗去世后不久，武则天先是将已经即位的唐中宗李显废掉，之后又将自己的第四子李旦推上了皇帝的位置。唐睿宗的上台完全是武则天的刻意安排，武则天需要这样一个傀儡皇帝以消除舆论的压力，同时又将朝廷大权牢牢地掌握在自己手中。唐睿宗即位后不久，将年号改为"光宅"（684年），这自然是武则天的安排，"光宅"意为光大所居，预示着武则天独揽大权后将开创一个新的时代，武则天还将洛阳定为"神都"作为她新的政治权力中心。与此同时，武则天也在创造机会逐步增加自己的影响力。

很快，一个让武则天万分欣喜的机会来了。垂拱四年（688年）的四月，武则天的侄子武承嗣命人凿刻了一块白色的石头，又安排雍州人唐同泰奉表献给了武则天，说是从洛水中打捞而出。当时的武承嗣官任礼部尚书同中书门下三品，他非常了解武则天的心思，他让人刻在石头上的文字是"圣母临人，永昌帝业"。武则天得到这块石头后十分高兴，当即将这块白石命名为"宝图"，并且加封献石的唐同泰为游击将军。

"圣母临人，永昌帝业"的含义十分明确，意在表明武则天临朝称制，治理天下，能够让大唐的基业昌盛永固。武则天很快将此事昭告天下，朝野上下迅速引起了轰动。许多大臣纷纷称赞武则天的卓越才能，对她歌功颂德。武则天则借题发挥，要举办隆重的参拜仪式，因为这块石头的出现，武则天要祭拜上天，此举既是表达对上天的感恩，同时也能得到天下人的认可。围绕着"瑞石事件"武则天可谓煞费苦心，这一年的十二月，武则天在洛水举办了盛大的"授图大典"，《资治通鉴·唐纪二十》中有十分详细的记载：

> 秋，七月，丁巳，赦天下。更命"宝图"为"天授圣图"；洛水为永昌洛水，封其神为显圣侯，加特进，禁渔钓，祭祀比四渎。名图所出曰"圣图泉"，泉侧置永昌县。又改嵩山为神岳，封其神为天中王，拜太师、使持节、神岳大都督，禁刍牧。又以先于汜水得瑞石，改汜水为广武。
>
> …………
>
> （十二月）己酉，太后拜洛受图，皇帝、皇太子皆从，内外文

武百官、蛮夷酋长各依方叙立，珍禽、奇兽、杂宝列于坛前，文物卤簿之盛，唐兴以来未之有也。

武则天如此大费周章地参拜"天授圣图"，目的就是让自己的地位合法化，"圣母临人，永昌帝业"的祥瑞之语，让武则天称帝的大业向前迈进了重要一步，经过此事，武则天为自己加封了尊号"圣母神皇"，很快便将年号改成了"永昌"。"圣母神皇"的尊号同以前的天后、皇太后有了本质的区别，意在表达自己是上天授予的圣母，与皇帝有着同样尊贵的地位。通过加封尊号，武则天在舆论上已经无限接近她的终极政治目标。

事实上，武则天被尊称为"圣母神皇"之前，已经开始着手修建象征天子身份的建筑——明堂。明堂是中国古代儒家推崇的一种神圣的建筑，只有天子才能拥有，天子可以召集群臣在明堂中举办各种典礼、仪式及朝会等。武则天要修建明堂，无疑是要进一步巩固自己"圣母神皇"的地位。

但是，明堂虽然自古有之，但由于历史的原因，汉朝以后几乎没有哪个皇帝再修建过了，因此根本不知道怎样建造。当然这也不是问题，武则天有一个庞大的智囊团，就是为她出谋划策的"北门学士"，其中的许多饱学之士查阅经典，相互论证，很快就制定了一个建造方案。武则天并不在意即将修建的明堂是否和古代的明堂完全一样，只要壮观、华丽、能够代表自己的身份就够了。垂拱三年（687年），明堂开始动工。武则天将明堂建在了洛阳，派宠臣薛怀义负责督工。修建明堂动用了几万名劳力，夜以继日地推进工期，次年十二月，这座象征着古代天子至高无上地位的明堂就竣工了。

明堂修建得十分华丽，《资治通鉴》中有这样的记载：

辛亥，明堂成，高二百九十四尺，方三百尺。凡三层：下层法四时，各随方色。中层法十二辰；上为圆盖，九龙捧之。上层法二十四气；亦为圆盖，上施铁凤，高一丈，饰以黄金。中有巨木十围，上下通贯，栭栌楶藉以为本。下施铁渠，为辟雍之象。号曰万象神宫。

武则天非常高兴，将明堂命名为"万象神宫"，大赦天下。她在明堂中款待群臣，还允许普通百姓随意参观。此外，武则天还命人在明堂以北修建了自己巨大的雕像，雕像非常高大，能够俯视万象神宫。明堂的修建对于武则天来说同样意义非凡，拥有了象征天子身份的万象神宫，武则天距离成为皇帝越来越近了。

明堂竣工，武则天又从文化上进行了一项标新立异的创举，就是历史上赫赫有名的文字改革。武则天对于文字有自己独特的理解，她为了宣传自己的政治理念和巩固统治，先后颁布了十几个文字，历史上称之为"则天文字"。

武则天颁布的文字包括：照、天、地、日、月、星、君、臣、初、载、年、正、授、证、圣、国、人等。新创文字多以原有文字组合而成，从而表达一定的含义。例如"臣"字，在则天文字中由"一"和"忠"组合而成，寓意臣子要一心一意忠于皇帝；又如"君"字，在则天文字中由"天""下""大""吉"四个字组合而成，寓意君主是吉祥如意的；还有最著名的"照"字，是专门为武则天创制的，武则天原名武照，她为了确立自己至高无上的地位，将"照"字改成了"曌"，意为日月当空、普照天下，宣示了自己的权威，"曌"字也成为武则天文字中唯一留存下来并被使用的文字。

这些文字的创制在今天看来有些牵强，甚至有颇多争议，因为它违背了汉字发展的传统和规律，比较生硬。但对于武则天而言，这是她传播政治理念的工具，是她在文化层面的一次改革。这些文字在武则天统治时期推向了全国，得到了广泛的使用，对于武则天确立自己的政治地位起到了十分重要的作用，在百姓当中也产生了很大的影响。

武则天为了实现称帝的终极政治目标，已经采取了许多行之有效的措施加以推进，但是她仍面临着一个无法避开的事实，就是自己毕竟是一个女人，从古至今还从来没有女人真正地称帝，所以她不断地探索如何能够让"女人成为皇帝"合法化。

起初，武则天十分热衷于自己统治下的各种"祥瑞事件"，每当有奇异的天象、玄妙的事件发生她总是喜欢将其解释为祥瑞，这样的解答十分有利于自己政治目标的达成，武承嗣一手策划的"天授宝图"事件就是其中之一。由于武则天对于祥瑞事件喜闻乐见，很多官员就人为地制造各种"祥瑞"，进献给"圣母神皇"，以求自己仕途通达。武则天果然对各种祥瑞事件充满好感，甚至还被评价为"好祥瑞"，武则天还要求主管教育的国子监祭酒不再讲授儒家经典，而是对各种祥瑞事件做出阐释，一时间，各种祥瑞事件层出不穷。

然而，人们对于"祥瑞"的观点并不一致，所以经常会出现分

千古女皇**武则天**：
权谋天下，智驭乾坤

洛阳明堂

歧。例如，在垂拱二年（686 年）的九月，雍州的官员报告在新丰县的东南方向"踊"出了一座山，称这是祥瑞之兆。武则天大喜，便命名此山为"庆山"，同时将新丰县改名为庆山县。官员们纷纷向武则天贺喜，声称出现这样的祥瑞正是"圣母神皇"治国有方，上天对此做出的感应。武则天原本十分得意，没想到有一个叫俞文俊的读书人上书武则天，说新丰县"踊"出一座山并不是什么祥瑞，而是巨大的灾难。同时还指出，之所以出现这样的灾难，原因在于武则天身为皇太后却独揽朝政大权，将唐睿宗视为傀儡，"女主处阳位。反易刚柔，故地气塞隔而山变为灾"（《资治通鉴》）。俞文俊还劝诫武则天要修身养德，退回后宫，还政于皇帝，如若不然，还会有更大的灾祸到来。武则天看过俞文俊的上书勃然大怒，很快就将这个俞文俊流放了。

通过这件事情，武则天也清楚地意识到，只靠一些所谓的"祥瑞"事件为自己称帝造势远远不够，总会有人提出反对的声音。所以，必须有一套名正言顺的理论才能为称帝之路扫清障碍。武则天再次找到了她的宠臣薛怀义，命他去筹划这件事。并且，武则天将突破口瞄准了佛教，因为她本人尊佛信佛，从佛教入手十分合乎情理。

薛怀义找到了东魏国寺的和尚法明，他们夜以继日地翻阅各种佛经，终于找到了一部《大云经》。两个人如获至宝，因为《大云经》中描写了一个名叫"净光"的天女，她原本是一位国王的夫人，转世后成了一位菩萨，菩萨再转世之后成了一个统治一国的女君主，女君主去世之后又成了佛。这样奇幻的故事简直是为武则天量身定制的，他们马上向武则天报告了这一发现。武则天喜出望外，因为这部佛经给出了女人称帝的先例，自己成为皇帝也只是仿效前人，可谓名正言顺。

武则天认为需要让天下百姓都知道这个故事，同时让《大云经》成为一部经典佛经，为自己称帝做最后的准备。她考虑到百姓的文化水平比较低，就安排薛怀义召集一群和尚，对《大云经》进行通俗化的注释。薛怀义带领着一群僧人很快就完成了这项任务，他们将净光天女的故事和民间影响巨大的弥勒崇拜融合到一起，将武则天推上了佛与天子的至高地位。薛怀义等人注释《大云经》的作品叫《大云经疏》，这部书中阐释的观点完全是为武则天称帝服务的，书中说武则天是弥勒佛转世的化身，将会取代大唐的皇帝，为天下带来巨大的福祉。

《大云经疏》完成后，武则天迅速颁行天下，并且在全国各地的寺院中由僧人们开坛讲解，产生了极大的影响力。至此，通过舆论造势，女人称帝似乎也已经合法化了，经营多年的武则天准备向皇帝的宝座发起最后的冲击。

武则天为了实现自己称帝的政治目标，从唐高宗去世后就积极筹划，她废掉唐中宗，镇压徐敬业叛乱，诛杀裴炎，为自己加尊号，修建明堂、改革文字等，扫除了称帝之路上的一个个障碍。薛怀义等人注释的《大云经疏》一经问世，武则天又从舆论上为自己正名，对于武则天而言可谓万事俱备，只欠东风。没过多久，这股东风就到来了。

载初元年（690年）九月，一个叫傅游艺的七品官员率领着关中地区的几百人向"圣母神皇"请愿，请求武则天顺天和人，即皇帝位。这几百人中有一部分是地方官员，大部分是普通老百姓，对此武则天表面上婉拒了民众的请求，实则内心非常高兴，她有自己的想法和计划，舆论造势既然已经成功，请愿这种事情只会越来越多，当下应该谨慎一些，日后选择更加恰当的时机称帝。武则天派人安抚了请愿的群众，同时提拔了这次事件的组织者傅游艺。

果然不出武则天所料，没过多久，洛阳城又发起了更大规模的请愿活动，神都洛阳的官员、民众热情度特别高，另外还有一些和尚、道士及胡人参与其中，人数超过了一万。众人请愿的内容自然是再次请求武则天称帝，为天下苍生带来"大治"。这次请愿的人群成分十分复杂，几乎代表了社会上的各个阶层，按常理讲已经足够有影响力了，在这种情况下武则天如果接受帝位倒也无可厚非，然而武则天再一次拒绝了，她想等待时机更加成熟、万无一失的时候再一锤定音。

洛阳城的请愿队伍并没有因为武则天拒绝帝位而散去，到了第二天，请愿人群的热情反而更加高涨，一时间竟然聚集了几万人。大臣们对武则天说，上天授意，百姓归心，接受皇帝之位是名正言顺的，没有必要再谦让拒绝了。武则天终于认为大势已定，但就这么堂而皇之地称帝，似乎还是有些不妥。这时，唐睿宗李旦也加入了请愿队伍，李旦请求自己的母亲武则天接受皇帝之位，自己愿意降为皇嗣，改姓武姓。唐睿宗李旦的加入直接推动了事态的发展，武则天已经没有任何理由拒绝称帝了。武则天面对着庞大的请愿队伍，感叹自己接受皇帝之位实在是上天的安排，就这样，中国历史上第一位女皇帝诞生了。《资治通鉴》中记载，群臣进言："有凤凰自明堂飞入上阳宫，还集左台梧桐之上，久之，飞东南去；及赤雀数万集朝堂。"

天授元年（690年）九月九日，武则天举行了隆重的登基仪式，她终于如愿以偿君临天下。武则天的尊号从"圣母神皇"改成了"圣神皇帝"，并将国号改为大周，年号改为"天授"，定都"神都"洛阳。她为自己的祖先立庙，给自己的兄弟子侄封王，同时采取了一系列巩固武家江山统治的举措。"圣神皇帝"开启了一个属于自己的全新时代。

┌─ 唐睿宗 ─────────
（662—716年），即李旦，唐朝第五位皇帝，唐高宗之子，唐中宗之弟，武则天幼子。武则天废中宗，立其为帝。武则天称帝后，被废为皇嗣。中宗复位后，被封为安国相王。中宗病逝后，被拥立为帝。先天元年（712年），退位为太上皇，传位于唐玄宗（李隆基）。

精于布局，下好每一步棋

　　武则天为了实现她成为皇帝的终极目标，在各条战线上都做了充足的准备，可以说是下了一盘大棋。一方面武则天对于自己的敌对势力果断进行镇压，另一方面不断创造有利于自己称帝的条件。她通过"洛水神图"事件将自己的尊号从天后晋升为"圣母神皇"，通过建造明堂为自己奠定未来皇帝的身份，通过改革文字扩大自己的影响力，尤其关键的是她从佛经中找到突破口，为自己称帝成功造势。名正则言顺，在这些条件都具备之后，武则天顺势而为，成了一代女皇。

　　在现实生活中，人们通常会为了一个远大的目标而不懈奋斗，但成功者凤毛麟角。究其原因在于很多人不具备全局观念，朝着目标努力的过程中没有成熟而完善的规划。如果只知道努力却不知道如何努力，即使付出再多恐怕也难成大器。就像下围棋时，顾此失彼就会打破平衡，贪图局部的胜利穷追不舍却忽视其他区域的防守，会为自己埋下巨大隐患，很可能在关键时刻被人一击而溃。具备全局观念就是要兼顾每一个环节的良好运行，只有攻守兼备、张弛有度、有条不紊地推进才能获得最后的成功。

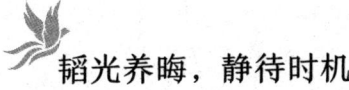

韬光养晦，静待时机

武则天称帝的想法早在唐高宗去世后就已经确定了，但是她并不急于迈出这一步。从唐高宗去世到武则天称帝经历了大约七年的时间，在这段时间里武则天一方面韬光养晦保存实力，另一方面也在不断探索，创造有利于自己的条件。即便是她与唐中宗李显政见不合，将其贬为庐陵王之后，也没有直接称帝，而是让李旦继承皇位，这样才符合封建王朝的秩序，避免出现大的混乱，而她自己的计划仍在有条不紊地进行。

在现代商业战场上，准确把握时机才能获得巨大的成功。从业者不仅要有敏锐的眼光和果断的勇气，还要具备顾全大局、沉得住气的素质。如果面对既定的目标，急于求成，草率做决定，往往会弄巧成拙，一败涂地。明智的做法是要密切关注市场的动向，认真分析当前的环境，不仅要知己知彼，更要善于把握时机。时机未成熟时不能过早地暴露实力，时机到来时不能迟疑，要果断采取行动，这样才能获得最大的价值。

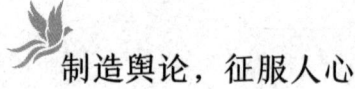

制造舆论，征服人心

　　武则天的称帝之路充满了各种阻碍，她用武力镇压了叛乱，用政治手段打击了朝廷里的敌对力量，接下来急需通过制造舆论将自己称帝的目标合法化。为此她通过"宝图"事件为自己加了尊号，通过修建明堂奠定自己的地位，又通过对《大云经》进行注解塑造了自己弥勒转世的形象，至此无论是朝廷官员还是普通百姓，绝大多数人都认同了武则天称帝的合理性，登上皇帝之位是水到渠成的事情了。

　　从武则天制造舆论称帝的过程可以看出，她是一个非常严谨周密的人，她深知得到人心才是成功的关键，所以她步步为营、稳扎稳打推进自己的方案。由此带给我们的启示是，成大事者一定要重视舆论和人心的力量，因为舆论导向往往会将人们的想法引向一个方向，如果合理利用了舆论导向，就能收获人心，得到人们的支持，反之则注定以失败告终。

告密是把双刃剑

武则天的称帝之路有非常周密的计划，一方面她需要为自己造势，另一方面还必须通过一些手段与敌对势力作斗争。由于武则天长期大权独揽、视唐睿宗为傀儡，李氏宗族和一些大臣对武则天十分不满，武则天十分清楚这些人的所思所想，为了扫除掉这些障碍，她在称帝之前就发明了一种"告密"制度。

武则天在垂拱二年（686 年）洛阳朝堂里设立的铜匦就具有告密功能，人们可以将检举揭发的告密信投入铜匦中，由武则天定夺，这是武则天时期告密的一种途径。

武则天之所以设立告密制度，最主要的原因在于消灭了徐敬业、裴炎等人之后，担心还有人在暗地里和自己作对，她想采取这种方式打击这类人。对于武则天巩固自己的统治而言，这当然发挥了巨大作用，但人心难测，也因此发生了许多冤假错案。所以，告密是一把双刃剑。

除了通过书信告密，武则天还发明了一种当面告密的形式。武则天要求但凡有告密之人，无论朝廷还是地方政府都要解决他的衣食住行问题，直到亲自见到武则天告密。如果告密的情况属实，就会对告密之人大加封赏，如果情况不属实，也不会追究他的责任。这样一来，四面八方前来告密的人蜂拥而至，对于这种局面，武则天是喜闻乐见的。《资治通鉴》中有载：

乃盛开告密之门，有告密者，臣下不得问，皆给驿马，供五品食，使诣行在。虽农夫樵人，皆得召见，廪于客馆，所言或称旨，则不次除官，无实者不问。于是四方告密者蜂起，人皆重足屏息。

告密制度的实行让武则天发现了许多与自己政见不合、在背地里与她作对的臣下，这完全在武则天的意料之中，因为她正是要通过告密制度对这类人进行镇压和打击。当她从告密者口中知道与自己意见相左之人就会立刻采取行动，一旦查实，立刻对这些人采取措施。在当时的环境之下，告密制度对武则天巩固自身统治发挥了十分积极的作用。

但是来自四面八方的告密者中，有一类人是投机者，他们非常清楚武则天打击敌对势力的意图，所以通过告密成了武则天的得力干将，其中十分臭名昭著的包括索元礼、周兴、来俊臣、万国俊等人。这些人大多是无赖，没有什么文化水平，靠着对武则天的忠心逐渐谋到了很高的官职。武则天确实重用他们为自己办案，尤其是各种告密案件，周兴、来俊臣等人办案十分残暴，他们召集了几百个无赖，遇到案件不问是非，一律严刑拷打，更有甚者，每办一案都会牵连几十上百人。他们发明了许多残忍的刑罚手段和工具，审讯之前先让受审之人参观一遍，令人不寒而栗。

告密制度同样成了这批人排除异己、打击他人的手段，如果他们看谁不顺眼，就想办法罗织罪名陷害他，从而除掉此人。对此，来俊臣还伙同万国俊撰写过一部《罗织经》，专门阐述如何"网罗无辜，织成反状，构造布置，皆有支节"。

时间一长，武则天也发现了问题所在，然而她也很清楚周兴、来俊臣之流虽然不能成为治国安邦的重臣，但又是她打击敌对势力的得力干将，发挥着不可或缺的作用，所以对于这些酷吏，武则天仍然委以重任。

在告密制度之下，一时间酷吏横行，冤假错案比比皆是。大臣们人心惶惶，每天生活在不安之中，据说有人每次上朝都要和家人诀别，不知道自己还能不能活过这一天。

娄师德

（630—699年），字宗仁，郑州原武（今河南省新乡市原阳县）人。唐朝宰相、名将。贞观年间进士，历任夏官侍郎、同凤阁鸾台平章事等职。曾反击吐蕃，负责边疆的军事防御和屯田事务。其器量宽厚，恭勤不息，被广泛赞誉。

处事果断，将危害降到最低

武则天统治时期采用的告密制度，是用来打击敌对势力的非常手段。因为在当时的局势之下，如果不采取雷霆之势对反叛者进行镇压，整个国家和社会都将处于动荡之中。告密制度的实施确实造成了一些无辜者受难，但武则天认为稳住国家大局是重中之重，采用这种手段也是不得已而为之，是一种将危害降到最低的方式。

在日常生活中，人们也经常会面临着两难的抉择，因为一件事情往往不是单纯的好与坏，而是会造成多方面的影响，这时候我们就要看清事情的主要方面和次要方面，当各方利益出现矛盾时，就要明确自己想要实现的目标是什么，从而有所取舍，在不得不有所牺牲的情况下确保目标的达成也许是最合理的解决方案。

深谙驭人之术，为我所用

武则天手下有许多文化素养不高、道德败坏、性格残暴的酷吏，但在很长一段时间内还得到了重用，究其原因，武则天是想利用这些爪牙消灭自己的敌对势力。事实证明武则天也实现了这样的目的，这帮酷吏为武则天称帝效力良多。武则天明明知道这些酷吏的虚伪、奸诈、残暴，却还是要利用他们实现自己的目标，体现了她高明的驭人之术，只要是有利用价值的人，在特定时期内都能够为她所用。

　　现实生活中这种情况比比皆是，尤其是对于管理者而言，团队中的每个人都有自己的特点，能力强的人通常会被委以重任，令其发挥最大的价值。而有的人能力较弱，甚至有非常明显的缺点，但这并不意味着他没有任何可取之处。管理者应该善于发现属下的优点，认真分析他在哪些领域能发挥重要价值，并在恰当的时机对其进行合理利用，这样才能实现人才资源的最优配置。

不拘一格招人才

武则天深知，治国安邦只靠几个酷吏是绝对不行的，必须有君子大贤才能让国家长治久安，所以她一直在招揽真正有才华的人为自己所用。

武则天招揽人才的方式是多种多样的，首先体现在她所开创的荐官制度。荐官包含了自荐和他荐，洛阳朝堂上的铜匦就提供了官员毛遂自荐的途径。他荐的方式在武则天统治时期沿用了很长时间，并通过这种方式吸纳了大量人才。

武则天对科举制度的改革是她重视人才的集中体现，具有非常深远的意义。科举取士是封建王朝选拔人才的重要方式，武则天根据当时的具体情况对科举进行了大幅调整。科举考试分为常科考试和制举考试，常科又分为进士科和明经科。明经科向来受统治者青睐，因为明经科的学子大多来自世家子弟。武则天则对此进行了调整，尤其重视进士科，因为进士科学子的社会阶层更加广泛，并且通过进士科考取功名的人一定是具有真才实学的，这样的调整有利于公平公正地选拔人才。而且，武则天首次在科举中设置面试环节，开创了最高统治者干预科举的先河，也成为后世科举制殿试的雏形（科举中的糊名制度也是出自武则天之手）。

在科举之外，武则天还首创制举制，为朝廷选拔各种专业官员，丰富人才的多样性。制举考试的考核方式一般是统治者结合朝政与社会的实际情况临时命题，它考察一个人解决实际问题的能力。武则天通过这样的考核方式来判断其是否有治国安邦的才能。只要朝廷有某方面的用人需求，便下诏举行考试，如贤良方正、武足安边、明习律令等科，为国家选拔出大量具有各种专业技能的人才。日后的"神龙宰相"张柬之是通过贤良方正科举仕，武周朝名将娄师德也是通过"才膺管乐"科受到重用的，以及开元年间的名相姚崇、宋璟的出仕之路也多受益于武则天的各种创新人才选拔制度。

武则天还首创了武举制度，以此选拔军事人才，并最终形成固定制度。武则天通过武举考试将身怀武艺、出类拔萃者选拔出来，作为武将的储备人才，让这些身怀绝技的人有了用武之地。日后平定安史之乱的郭子仪最初便是借助这一制度崭露头角的。

除此之外，武则天还采用了一种试官制度，这也是人才考核的一环。经自荐选拔出来的官员被授予官职后，需要经过一段时间的试用期，试用合格后才能转正，而如果不合格，后果也会相当严重，轻者罢官，重者治罪。"太后虽滥以禄位收天下人心，然不称职者，寻亦黜之，或加刑诛。"（《资治通鉴》）

　　试官制度在一定程度上有利于人才的招揽，大大激发了人们为朝廷效力的热情，但是也产生了许多负面影响。武则天并不限制为官者的身份、地位，人人都能"试官"，不少滥竽充数的人便混入其中，导致朝廷授予的官职数量不计其数，这是一种巨大的资源浪费，并被反对者攻击为"滥授官爵"。武则天也逐渐察觉到了这个问题，便对"试官"制度进行了调整，总体方针是"宽进严出"，也就是说想要试官很容易，人人都能参与，但是如果德不配位，才能不能与职位相匹配就会被惩罚，根据实际情况要对其进行贬官、流放，甚至杀头。这样一来，前来试官的人就会非常谨慎，官员当中有真才实学的人自然能得到升迁，劣等官员则被逐渐淘汰，经过一段时间的沉淀，官员队伍的整体素质得到了大幅提升，时人讽刺的"补阙连车载，拾遗平斗量"现象也随之迅速消失。

　　武则天思贤若渴、知人善任，对于人才的招揽可谓不拘一格。

> **狄仁杰**
>
> 　　（630—700 年），字怀英，号祁溪，并州太原（今山西省太原市）人。唐代政治家、武周宰相。历任汴州判佐、复州刺史、洛州司马，政绩颇丰。天授二年（691 年），升任宰相。其刚正不阿，不畏权势，德才兼备，为一代名相。

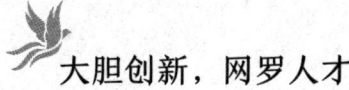

大胆创新，网罗人才

　　武则天准备谋夺李唐天下，最需要的就是能够忠心效力于她的人才，所以她进行了大胆创新，采用了自荐、他荐、试官、改革科考、创建武举等方式，很快就有一大批人才聚集在她的朝堂之上。在中国历史上，武则天选拔人才的制度具有划时代的意义，其中的一些措施直接对后世王朝产生了重要影响。武则天在人才选拔方式上的不拘一格，体现了她的开明、胆识和过人的谋略。

　　在现代社会，人才同样是极其重要的资源。很多单位在招聘的过程中常常会设立许多门槛和硬性条件，如果应聘者条件不符通常会被淘汰。然而在实际操作中，僵硬地执行规定并不一定能招聘到最合适的人才，应综合考虑具体情况，有针对性地制定合理的方案。如果应聘者在某些方面表现出极其优秀的品质，应聘单位打破常规门槛，对其破格录取也许能够取得更好的效果。

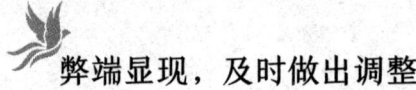

弊端显现，及时做出调整

武则天时期的试官制度饱受争议，在实行的最初阶段由于门槛低，人们纷纷要当官，被人讽刺为"补阙连车载，拾遗平斗量"。当武则天发现试官队伍中鱼龙混杂，有不少滥竽充数者之后，随即对这一制度进行了调整，规定试官期满后要经过严格的考核，综合评定其能力是否称职以确定其去留，同时要对劣等官员定罪。这一举措可谓釜底抽薪，让那些无才无德的投机者望而却步，体现了武则天的高明之处。

在当代社会，官方发布的许多政策明明是经过合理论证而制定的高质量方案，但到了具体执行的时候经常会被一些人别有用心地钻空子，导致实施效果不尽如人意。政府部门在发现这种情况之后，应该认真调研，倾听人民的意见，并且制定修补漏洞的方案，及时做出调整，从而保证实现方案的初衷，这对于当代社会施政具有很重要的参考意义。

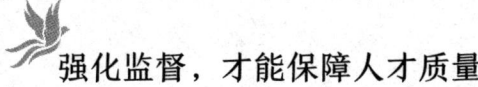

强化监督，才能保障人才质量

武则天的试官制虽广纳人才，但也通过严格的考核与监督机制避免滥竽充数。武则天一方面扩大人才选拔，一方面也做好了相应的筛选措施。逆向思考一下，如果一个措施没有逆向的阻流器，则必然存有某种私心或者不为人知的目的。

好的政策必然是环环相扣、互相配套的，单一的极端政策不可取。对于现代企业来说，在制定人才政策时也要有总体眼光，试用期、定期考核等制度相互配合完善，才能达到"能者上、庸者下"的理想状态，最终实现人才与组织的双赢。

用人不疑，疑人不用

武则天对于人才的赏识不仅体现在她善于招揽人才上，还在于她作为皇帝用人不疑、疑人不用的眼界与格局。

武则天向来用人不疑。比如，对于娄师德、狄仁杰、徐有功等人，武则天深信不疑，委以重任，并加以保护。

娄师德是唐高宗时期的进士，才华卓著。而且，娄师德不是一个单纯的文官，他曾经率领军队与契丹、吐蕃等国交战多次，总能凯旋，所以他是一个"出将入相"的全能型人才。武则天对其非常器重，曾经两度拜为宰相。

除了政治、军事上的才能，武则天还非常欣赏他为人处世的方式。娄师德身处高位，难免会遭到其他官员的排挤甚至诬陷，尤其是那群酷吏整天罗织罪名，曾经也将矛头对准了娄师德，但他凭借自己谦虚、忍让的性格特点，每次都化险为夷，这也是娄师德高明的处世之道。

　　娄师德一心为公，有识人之能，他向武则天举荐了狄仁杰，狄仁杰才能在朝廷身居高位。狄仁杰认为娄师德事事忍让，过于胆小怕事，常出言讥讽，娄师德却并不在意。后来武则天告诉狄仁杰当初是娄师德举荐了他，狄仁杰顿时羞愧难当，十分感念娄师德的宽厚和涵养。可以说，无论是军事、行政还是为人处世，娄师德都受到武则天的赏识，并得到信任和重用。

　　狄仁杰是武则天统治时期重要的大臣，他富有智慧，总能够帮助武则天解决一些影响国家稳定的大事，深受武则天的信任和倚重。

　　狄仁杰有非常卓越的断案才能，《旧唐书》中曾有记载："仁杰，仪凤中为大理丞，周岁断滞狱一万七千人，无冤诉者。"狄仁杰一年之内处理了涉及一万七千多人的案件，并且这些案件处理完之后没有一个上诉喊冤的，可见狄仁杰断案不仅效率奇高，而且断案公正、准确，称其为"神断"名副其实。在武则天统治时期，狄仁杰曾经为她谋划过极其重要的军国大事，维护了政局的稳定。狄仁杰的智慧还体现在他能够以恰当的方式劝谏武则天接纳正确的主张。比如，在越王李贞父子谋反期间，有两千名百姓受到了牵连，武则天对于谋反事件怒不可遏，要杀掉这两千人树立威信。狄仁杰清楚武则天只是想借此发泄愤怒，这两千百姓实际上是无辜的，他想救下这两千条生命，就给武则天写了一封密信，信中赞美武则天英明仁厚，所以国家昌明，武则天明白了狄仁杰的意图，最终只是流放了这两千人。武则天称帝后十分器重狄仁杰，一些官员就在背后向武则天告密说狄仁杰的坏话，《旧唐书》中有这样的描述：

天授二年九月丁酉，（狄仁杰）转地官侍郎、判尚书、同凤阁鸾台平章事。则天谓曰："卿在汝南时，甚有善政，欲知谮卿者乎？"仁杰谢曰："陛下以臣为过，臣当改之；陛下明臣无过，臣之幸也。臣不知谮者，并为善友，臣请不知。"则天深加叹异。

武则天原本要试探狄仁杰是否对自己忠心，狄仁杰却回答自己的是非功过武则天心知肚明，自己没必要去辩解。对于说自己坏话的人，狄仁杰并不想知道他是谁，并且希望能和他成为好朋友。武则天得到这样的回答大为激赏，不仅消除了对狄仁杰的怀疑，反而更加信任他。在一些重要决策上，武则天总是善于倾听狄仁杰的意见，比如对于武周继承人的问题上，武则天采纳了狄仁杰的主张，立庐陵王为太子，在这件事情上狄仁杰发挥了关键作用。后来武则天称呼狄仁杰为"阁老"，上朝时免行跪拜之礼，可见武则天对狄仁杰是何等敬重。

武则天时期还有一位非常重要的官员名叫徐有功，此人主要负责司法工作。徐有功的最大特点是耿直，敢于和武则天据理力争。武则天为了树立自己的威信，在处理一些谋反案件时，通常以重罪追究他人的责任，有时会牵连很多无辜的人，徐有功秉持公正执法的原则，在朝堂上直接和武则天辩论，场面非常尴尬。武则天赞赏他的勇气，冷静思考之后通常都会采纳徐有功的意见。

有一次，徐有功因为要救下一个犯人的性命彻底激怒了武则天，武则天一怒之下下令将徐有功一并处死，徐有功反而满不在乎，照常吃饭、睡觉。有人将徐有功若无其事的样子报告给武则天，武则天才恍然大悟，此人心如明镜，问心无愧才会这样，这种耿直忠正的臣子怎么能杀掉呢？最后不仅宽恕了徐有功，还免去了犯人的死刑。

在武则天治下，曾经有一些人站在她的对立面，而一旦他们归顺自己，武则天便能赏识他们的才华，不计前嫌，大胆起用，让其为朝廷效力。其中，最典型的莫过于她对上官婉儿的任用。

上官婉儿的祖父上官仪在唐高宗时期曾经与唐高宗策划过废掉武则天的皇后之位，上官仪还为皇帝起草了诏书，后来事件败露，遭到武则天的报复。武则天与宰相许敬宗诬陷梁王李忠和上官仪谋反，直接将上官婉儿的祖父上官仪、父亲上官庭芝处死，上官婉儿侥幸逃命。

上官婉儿长大之后聪慧敏捷，文采过人，又得到了武则天的欣赏。按照常理，上官婉儿对于诛杀自己祖父、父亲的人应该是充满仇恨的，但随着她与武则天长时间的接触，她终于理解了武则天作为国家最高统治者的雄才大略。她不仅放下了仇恨，还将自己的才华展现出来，为武则天效力。武则天同样对上官婉儿无比信任，从上官婉儿十四岁起，武则天就将她留在了身边，命其负责起草诏书等重要职务，前后长达二十七年。由于上官婉儿文采斐然，在诗词领域卓有成就，武则天还令其品评群臣的诗赋，曾引领一代文风。

在武则天统治时期，也曾任用过许多文化素质不高、道德品行低下的人，其中有一些是酷吏，有一些则是武则天的宠臣，曾经为武则天称帝效过犬马之劳。然而，随着武则天称帝目标的实现，这批人愈发骄横跋扈，惹是生非，逐渐对武则天失去了忠心。武则天也逐渐对这批人产生了怀疑，随着事态的发展，武则天对这些酷吏、宠臣进行了清算。

武则天称帝之后，最早被清算的酷吏是周兴。周兴原本是进士出身，唐高宗去世后迎合依附武则天。为了帮助武则天称帝，他不断地罗织罪名，打击、迫害李氏宗族中与武则天敌对的势力，从这一层面来说，确实为武则天立下了汗马功劳。他的办案手法干净利落，许多让武则天棘手的问题到了他这里，总是能高效地处理掉。尤其是审问犯人，无论什么罪，周兴总能让犯人很快认罪，并将其杀头。令周兴没想到的是，竟然也有人向武则天告发自己谋反。武则天派来俊臣前去审问周兴，《资治通鉴》中记载：

> 或告文昌右丞周兴与丘神绩通谋，太后命来俊臣鞫之，俊臣与兴方推事对食，谓兴曰："囚多不承，当为何法？"兴曰："此甚易耳。取大瓮，以炭四周炙之，令囚入中，何事不承！"俊臣乃索大瓮，火围如兴法，因起谓兴曰："有内状推兄，请兄入此瓮。"兴惶恐，叩头服罪。

这就是"请君入瓮"的故事，来俊臣以其人之道还治其人之身，周兴认罪后很快就一命呜呼了。紧接着，许多人状告索元礼残暴执法，残害无辜，罪不可赦，武则天为了平息众人的愤怒，也将索元礼诛杀了。

正所谓"狡兔死，走狗烹"，来俊臣虽然长期被武则天重用，但由于得罪的人太多，同样不断有人向武则天告发他。然而，来俊臣根本不在乎，因为他坚信武则天是非常看重自己的，在任何时候都会为自己撑腰，所以他除了干着罗织罪名、残害忠良的老本行，还愈发骄横跋扈，贪污受贿、欺男霸女等事对于来俊臣来说如同家常便饭。

来俊臣有一个手下名叫卫遂忠，实际上和来俊臣是同一类型的人，自我感觉良好，整天飘飘然。但是在一次隆重的宴会上，来俊臣嫌弃卫遂忠上不得台面，拒绝他入席。卫遂忠因此出言冒犯，来俊臣一怒之下将他毒打了一顿。卫遂忠遭到了这样的羞辱怀恨在心，发誓要报复，于是想办法找到了武则天的侄子魏王武承嗣，说来俊臣下一步准备陷害武承嗣谋反，武承嗣怒不可遏，立刻采取行动，向武则天告发了来俊臣。

来俊臣毕竟是武则天非常看重的手下，武则天一开始并没有准备治他的罪，但武承嗣为了除掉这个喜欢搬弄是非的家伙，就不断地联合其他官员弹劾来俊臣，最后连曾经做过皇帝的李旦都搬了出来。武则天发现原来这么多人都觉得来俊臣罪有应得，如果天下人都觉得他该死，那么他确实是死有余辜。最终，武则天决定采纳众人的意见，将来俊臣斩首，她还索性顺水推舟，草拟了一篇《暴来俊臣罪状制》，细数来俊臣多年以来的暴行。来俊臣一死，洛阳百姓欢呼雀跃，他们终于见到这名酷吏伏法，纷纷赞扬武则天英明神武。

在武则天清算的名单中，还有一个重要人物，就是在武则天称帝之路上的急先锋——薛怀义。薛怀义是千金公主推荐给武则天的，本名叫冯小宝，武则天对他非常赏识，想让他成为自己的得力干将，就让他改名薛怀义，与太平公主的丈夫薛绍联宗，从而提高他的社会地位。为了方便薛怀义进宫，武则天还让他冒充僧人，可见薛怀义与武则天的关系非同一般，是武则天多年以来的宠臣。

　　武则天为了称帝，曾经安排薛怀义做过两件大事，一件是修建象征天子地位的明堂，另一件是对《大云经》进行注释，为武则天称帝制造舆论。这两件差事薛怀义做得都非常成功，武则天对他更加恩宠。然而，薛怀义居功自傲，自以为很了不起，平日里待人极其苛刻。有一次在朝堂上遇见了宰相苏良嗣，薛怀义态度傲慢，对苏良嗣非常无礼，苏良嗣顿时大怒，认为薛怀义不过是一只鹰犬，竟然嚣张到这种程度，当即让人把他殴打了一顿。武则天知道此事之后并没有替薛怀义讨公道，而是对他说宰相是国之重臣，不可冒犯。

　　薛怀义因为这件事对武则天有了一些不满，后来不太喜欢入宫见武则天了，基本上只在白马寺居住。过了一段时间，薛怀义听说武则天开始恩宠一个叫沈南璆的御医，对自己则不闻不问，引发了他的嫉妒。为了泄愤，薛怀义竟然秘密地将建在明堂旁边的天堂一把火给烧毁了，天不遂人意，火势迅猛，不小心蔓延到了明堂，当初精心修建的明堂同样毁于一旦。对于这件事，武则天非常痛心，这场火灾虽然没有抓到明确的作案者，但武则天心知肚明。薛怀义由于烧毁了明堂，每天生活在惴惴不安之中，性情大变，经常语无伦次。武则天看薛怀义越来越不顺眼，暗地里选派了百余名武士，找了个机会将薛怀义处死，并将他的尸体送到了白马寺。薛怀义肆意妄为，罪有应得，最终葬送了自己的性命。

　　由此可见，对于武则天而言，一旦有人对她不忠，让她产生怀疑，这个人也就没有什么价值了。

保持清醒的头脑，分清主流与支流

在武则天的朝堂之内充斥着形形色色的官员，对于这位女皇帝来说，娄师德、狄仁杰等君子大贤是国之支柱，而周兴、来俊臣等酷吏有时候同样不可或缺，这样就会产生一些矛盾，贤臣与乱臣同朝为官仍然会让朝政混乱，但武则天始终保持着清醒的头脑，总体上她需要靠贤臣治国安邦，而将酷吏当作维护自身统治的工具，从而实现了矛盾的平衡与转化。

现实生活中人们面临的问题通常是比较复杂的，要明确事物发展规律，合理利用各种资源。对于决定一件事情成败的主要方面，必须加以重视并保护、维持其良好的状态，而对于起次要作用的支流，要根据具体情况分析其存在的价值，当其积极意义大于消极意义时，可以适当加以利用，反之则应该及时摒弃。分清主流与支流，让局势始终把握在自己手中，才能立于不败之地。

不计前嫌，靠人格征服对方

武则天夺帝位、治天下，期待的是天下归心，万民敬仰，所以她展现出了宽广的胸襟和格局。对于曾经的敌人，如果她认为对方是可以通过改造争取到自己阵营的，就会不计前嫌，给予对方充分的信任，上官婉儿就是这样一个特例。

在当代的商战中，不同的对手经常会有利益上的冲突，但没有永远的敌人，只有永远的利益。如果对方是你所欣赏的人，并且是能够团结的力量，不妨摒弃前嫌，主动抛出橄榄枝，靠你的人格魅力去征服对方，让对方知道你是一个格局开阔的人，最终实现强强联合，产生 1+1>2 的效果。

根据形势，灵活调整用人策略

武则天在用人方面具有高眼界和大格局，不仅能够做到用人不疑、疑人不用，更能够全面把握局势，根据不同的形势采取不同的用人策略。

在特殊时期，为了达到自己的政治目的，哪怕一些官员身上有各种各样的缺点，甚至道德败坏、性格残暴，武则天照样对其重用。但当武则天登上了皇帝的宝座后，先前的目的已经达成，对这些行为失格、品行不端的官员果断地进行了清理，周兴、来俊臣、薛怀义等人皆是如此。

对于当代管理者而言，武则天的用人策略具有重要的借鉴意义。在一个团队当中，不同的人具有不同的价值，尤其是一些能力不强却又能够为你分忧的下属，通常扮演着不可或缺的角色。在特定时期，这类人能够发挥非常重要的作用，但从整体统筹来看，团队的发展壮大一定需要能力出众、人品优良的人向前推进，所以对于可用之人应根据具体情况灵活调整，既要让其发挥价值又不能使之成为阻碍团队发展的因素。

《臣轨》的启示

　　武则天为了夺取唐王朝的政权，成为一代女皇，在很早的时候就开始做准备，"北门学士"就是她走向皇帝之路的重要一环。"北门学士"由一大批学识渊博的官员组成，他们为武则天出谋划策，并负责起草各种文书，此外他们还有一个重要任务就是"修撰"，即编写书籍。北门学士编写了一批为统治阶级服务的书籍，包括《列女传》《百僚新诫》《臣轨》等。其中，《臣轨》一书着重体现了武则天对臣子为臣之道的心得，她希望这部书成为臣子们"为事上之轨模，作臣下之绳准"，从而实现"家将国而共安，下与上而俱泰"的目的。

　　《臣轨》这部书主要阐述了两个层面的主旨。

　　首先是皇帝与臣子的相处之道。武则天认为，皇帝和臣子之间是相互依存的，二者需要保持一种和谐的关系才能维护政治的稳定、社会的安宁。从皇帝的角度来说，不能过分独裁、专断，必须集思广益、察纳雅言，多听从大臣的意见。从臣子的角度来讲，要公而无私，忠于皇帝，承担起辅佐皇帝的责任。皇帝与臣子之间要心意相通，一团和气，明白唇亡齿寒、休戚与共的道理，在治理国家的过程中更要有君臣一体的思想，君辱则臣死，君泰则臣安。

其次是臣子的基本素养与行为准则。身为臣子始终要有"君贵臣轻"的意识，臣子要无条件地忠于帝王，对皇帝安排的事务须尽心尽力，不计得失。武则天同样懂得"水能载舟，亦能覆舟"的道理，所以还要求臣子们在治理国家的过程中要有"利民""济民"的思想，必须廉洁奉公，国家拥有百姓的拥护才能够长治久安。对于武将，武则天要求他们必须智勇双全、能征善战，作战时要身先士卒，管理军队要有体恤士兵的意识，这样的军队才能无坚不摧，具有战斗力。

此外，武则天特别重视臣子"进谏"的行为，通过纳谏，皇帝可以集思广益，筛选出最佳的理政方案，同时臣子的进谏也能让皇帝发现自身的问题，并加以改正。

总体而言，《臣轨》反映了武则天所倡导的为臣之道，阐述了君臣之间相互依存的辩证关系，要求臣子尽心尽力辅佐皇帝，明帝王之德，饰帝王之过，同心同德，共扶社稷。《臣轨》一经问世，武则天就将其列为群臣、科举考生的必读教材，在很大程度上提升了官员的素质，对当时社会的繁荣稳定具有积极意义。

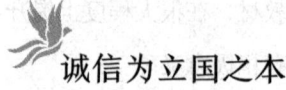

潜移默化，从思想上塑造他人

武则天命北门学士按照自己的思想体系撰写《臣轨》一书，实则是为官员们颁布了一部官方的教材，她希望从思想上对官员们进行塑造，从而实现自己的政治目标。此举体现了武则天的高明之处，因为她深知，朝堂内的臣子形形色色，不好管束，通过《臣轨》一书为臣子们设定了统一的标准，随着此书的颁布和时间的推移，臣子们或多或少都会潜移默化地改造自己的思想，进而实现她对大臣的具体要求。

武则天此举对于现代社会的人员管理具有一定的启示。想要更好地管理一个公司或者团队，首先要让成员信服自己，认同自己，这样才能得到大家的拥护与支持。因而，管理者应注重寻求符合全体成员价值观的管理手段或企业文化，潜移默化地对他人产生积极影响，从而打造一支出色的团队。

诚信为立国之本

武则天在《臣轨》中要求臣子要忠于帝王，并且讲诚信，因为她深知国家的发展和强大必须靠有才华、有担当的忠臣良将。品行良好的官员既能取信于民，得到百姓拥护，又能忠心辅佐帝王，为皇帝分忧，这些臣子是帝王治理天下的左膀右臂，国家的长治久安必须有诚信之臣、诚信之将。

诚信的品质在当代社会依然十分重要，对于企业而言，诚信经营能够带来良好的效益，得到用户的认可，从而逐渐发展壮大。对于个人而言，诚信是我们在社会上与人交往的基本素质，具有诚信的品质，我们才能赢得他人的尊重，获得他人的认可，同时也能为自身的发展助力。

九春开上节，千门敞夜扉。
兰灯吐新焰，桂魄朗圆辉。
送酒惟须满，流杯不用稀。
务使霞浆兴，方乘泛洛归。（武则天早春夜宴）

第六章

夺嫡风波：
清醒斡旋，掌控全局

女皇武则天开创了大周的天
下，为了国家的长治久安，她进
行了新一轮的努力。

　　武则天如愿以偿成了中国历史上第一位女皇帝，在历史的长卷中必将留下浓墨重彩的一笔。然而，"圣神皇帝"面临着两大问题亟待解决，一是如何稳固大周的统治，二是大周的江山将来由谁继承。武则天取代了李唐的天下，她面临的继立问题与历史上其他皇帝相比更加复杂。武则天凭借清醒的头脑、宽广的格局权衡利弊、纵横斡旋，做出了高瞻远瞩的决定。

虚心纳谏，确立接班人

690 年，武则天登基为帝，这一年她已经六十七岁了。对于一位年近古稀的皇帝而言，早日确立太子人选是一件至关重要的大事。武则天十分清楚，武周的江山原本属于李氏，所以对于确立太子这件事，她表现得十分慎重。武则天也拿不定主意该选择谁来当继承人，所以她翻来覆去地思考，小心翼翼地观察着各方的态度。

之所以如此纠结，原因就在于不知应该选择自己的儿子还是自己的侄子成为继任者。儿子继承母亲的基业，名正言顺，但这样一来武周的江山难免重新回到李氏手中。侄子与自己同姓，若成为继任者可以保证武周江山延续下去，但在情理上又有些不妥。至于具体的人选，无非自己的儿子李显、李旦，以及侄子武承嗣、武三思。

李显是武则天的第三子，唐高宗去世后继承皇帝之位，即唐中宗。嗣圣元年（684 年）因重用韦皇后的父亲韦玄贞而激怒武则天，被废为庐陵王，此后长期被软禁在均州（今湖北省丹江口市）、房州（今湖北省十堰市房县）等地。李显自从被废之后犹如惊弓之鸟，他与韦后相依为命，尝尽了艰辛，对于皇位并没有什么兴趣。

李旦是武则天的第四子，李显被废之后，武则天立李旦为帝，即唐睿宗。李旦名为皇帝，实为傀儡，军国大事都由武则天决断。武则天称帝前夕，李旦自请降为皇嗣，支持武则天称帝。身为皇嗣的李旦并不奢求能成为皇位的继承人，但他皇嗣的身份决定了必然被觊觎皇位的武氏兄弟打击迫害。因为武则天没有明确立太子，李旦却身在东宫，一切礼仪都与太子无异，武承嗣、武三思想要成为武周的继承人，首要任务就是除掉李旦。

武承嗣和武三思是武则天的侄子，在武则天称帝的过程中立下了汗马功劳，武承嗣被封为魏王，武三思被封为梁王。原本他们只是皇室的外戚，如今自己的亲姑姑成了皇帝，让他们的野心更加膨胀。尤其是武承嗣，在他看来自己是武周江山未来最合适的继任者，所以他从武则天称帝后就开始紧锣密鼓地推动立自己为太子这件事。

武承嗣从洛阳找到了一个名叫王庆之的人，让他带领着上百人联名上书，请求武则天废掉皇嗣武轮（当时的李旦改姓为武，复名"轮"），立武承嗣为太子。武则天亲自接见了他，告诉王庆之皇嗣是自己的亲儿子，怎么可能说废就废呢？王庆之则回答说，当今天下是武家天下，如果让李旦继承皇位，将来的天下仍然会变成李氏的天下。武则天所纠结的点正在于此，对于王庆之的提议，她没有接受，也没有明确拒绝，只是说需要从长计议就送走了王庆之。

武则天马上找来宰相岑长倩商议这件事，岑长倩向来对李唐王朝心存感念，他非常支持李旦继承皇位，从而恢复李氏江山，就对武则天说，如今皇嗣身居东宫，没有犯任何错误，怎么能随便废掉呢。王庆之是一介草民，竟敢非议朝政，应该重重治罪！武则天见岑长倩态度如此坚决，就将此事暂时搁置了。

然而，武承嗣还不死心，他听说岑长倩向皇帝进言坚决不能废掉李旦，就勾结酷吏将岑长倩定了死罪。之后故技重施，一次又一次地派王庆之向武则天请愿废掉皇嗣，立武承嗣为太子。次数一多，让武则天非常生气，这件事情不是儿戏，需要深思熟虑后做出慎重的决定，但王庆之整天催着武则天立太子，武则天一气之下命令凤阁侍郎李昭德惩治一下这个王庆之。

李昭德与武承嗣之间有矛盾，他知道王庆之是受武承嗣指使的，就公报私仇，将王庆之乱棍打死了。王庆之一死，武则天吃了一惊，没想到李昭德竟然下手这么重。但李昭德早已想好了应对之词，他对武则天说，高宗皇帝是您的丈夫，皇嗣是您的亲儿子，大周的江山自然是要传给儿子的，这样您的后代才会建立宗庙祭祀先人。武承嗣是您的侄子，如果侄子当了皇帝，他会立庙祭祀自己的姑姑吗，古往今来都没有听说过这样的事情。武则天听了李昭德的话，认为确实有道理，所以仍然没有轻举妄动。

武承嗣见计划落空后，气愤不已，于是他亲自出马推动这件事。既然打击李旦没有达到目的，那么就从自身入手，表现对武则天的忠心。长寿二年（693年），武承嗣组织了一次规模宏大的请愿，请求武则天加尊号为"金轮圣神皇帝"，武则天非常高兴。到了第二年，武承嗣再次组织请愿，武则天的尊号又变成了"越古金轮圣神皇帝"。

对于武承嗣的所作所为，武则天心知肚明，但她仍然没有急于做出决定。武承嗣一边给武则天加尊号，一边不断派人向武则天进言"自古天子未有以异姓为嗣者"（《资治通鉴》）。随着时间的推移，武则天意识到立太子一事需要做一个决定了。武则天虽然仍然拿不定主意，但从岑长倩、李昭德等人的态度上明显感觉到，朝廷内的大臣们，有很大一部分是对李唐江山充满感情的，从这个角度来讲，她已经倾向于立自己的儿子为太子了。

立嗣之争持续了七八年的时间，一直没有定论。圣历元年（698年），狄仁杰在朝中担任宰相，他早已看出了武则天的烦恼，就主动找到武则天阐述自己的观点，《资治通鉴》中记载：

狄仁杰每从容言于太后曰："文皇帝栉风沐雨，亲冒锋镝，以定天下，传之子孙。太帝以二子托陛下。陛下今乃欲移之他族，无乃非天意乎！且姑侄之与母子孰亲？陛下立子，则千秋万岁后，配食太庙，承继无穷；立侄，则未闻侄为天子而祔姑于庙者也。"

狄仁杰从唐朝的建立开始说起，动之以情，晓之以理，随后着重强调了武则天与唐高宗的夫妻之情，以及武则天与李显、李旦的母子之情，狄仁杰的话让武则天触动很大。然而，武则天虽然认同了狄仁杰的观点，却对狄仁杰说，立太子一事是自己的家事，怎么能随便听从你的意见呢？狄仁杰非常机智，对武则天说，四海之内都是陛下的家事，我身为宰相是陛下的肱骨，君臣一体，我怎能不为陛下分忧呢？

狄仁杰的推动让武则天下定决心准备立自己的儿子为太子，恰巧这段时间武则天做了一个梦，她梦见了一只巨大的鹦鹉，但两只翅膀是折断的，武则天疑惑不解，急忙请狄仁杰为自己解梦。狄仁杰说，鹦鹉就是陛下您自己，之所以两翼折断是因为您的两个儿子现在都处于不得志的状态，如果重新起用他们，这只鹦鹉就可以展翅高飞了。武则天听了狄仁杰的解说，深表认同，从这以后她再也没有立武承嗣、武三思为太子的想法了。狄仁杰又向太后进言，应重新召还庐陵王，确立未来的继承者。

圣历元年（698 年）三月，武则天派人将庐陵王李显从房州秘密接回了洛阳，对外宣称庐陵王身患疾病需要治疗。对于庐陵王的回归，大臣们早已看出了武则天的意图，武周的皇帝最终还是要立自己的儿子当太子了。

魏王武承嗣听说这个消息之后遭到了重大打击，他心如死灰，没想到自己做了那么多努力最终做太子的美梦成为泡影。他心情郁闷、又气又恨，这一年的八月份竟然病死了。武承嗣的病逝让武则天非常意外，很快她就提拔了武三思和其他武家子弟。武则天的意图很明显，安慰武氏家族成员，为确立太子做准备。

皇嗣李旦同样看出了武则天的意图，他久居东宫，多次遭人迫害，早已厌倦了这样的生活，于是主动向武则天请求将皇嗣之位让给庐陵王，武则天同意了他的请求。九月，武则天立庐陵王李显为皇太子，大赦天下，这场立嗣之争最终落幕。

在确立皇太子这件事上，武则天经过了很长时间的纠结和思考，但是她始终保持着比较清醒的头脑，非常谨慎地做出了最终的决定，因为她深知，太子人选的确立决定着江山社稷未来的走向。

岑长倩

（？—691年），邓州棘阳县（今河南省南阳市新野县）人，唐朝宰相。曾任兵部侍郎，并进为同中书门下平章事，后官拜右相。因反对立武承嗣为皇太子，被酷吏陷害，最终被下狱诛杀。

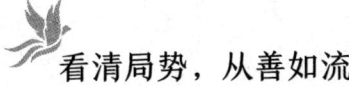

看清局势，从善如流

　　武则天在选择太子人选这件事上一边探索一边思考，她征求了很多人的意见。在这一过程中，武则天也发现了一个很明显的特点，追随自己的大多数臣子都对李唐王朝充满怀念，他们支持李氏宗族的后代成为太子，而对武家子弟则比较排斥。对此武则天非常清楚，如果自己力排众议，将自己的侄子武承嗣或者武三思立为太子，那么武周王朝的未来必然混乱不堪，甚至会让江山社稷毁于一旦。她在看清了这一局势之后听从了狄仁杰等人重立庐陵王为太子的建议。

　　现实生活中同样如此，当我们看清了事情的本质和发展方向，就应该顺应其规律做出选择。尤其是在一个集体当中，做出一项决定之前，首先要广泛征求集体成员的意见，预见决策可能带来的后果。如果自己的想法与大多数人的想法相悖，就要仔细思考问题出在哪里，要学会从善如流。如果固执己见，明知不可为而为之，只会带来惨痛的失败。

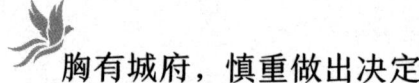

胸有城府，慎重做出决定

　　立嗣之争从开始讨论到最终确立持续了七八年的时间，武则天虽然有自己的想法，但她在最终做决定之前没有向其他人透露过自己的想法，当事情无法推进时，索性将其搁置，从长计议。这一过程体现了武则天胸有城府、顾全大局的品质。

　　现实中，想成大事也需要具备这种素质，内心要藏得住事情，并且能顶住来自各方的压力。当一项决议或者方案无法达成共识的时候，不要草率做决定，应该多倾听他人的意见，集思广益。

　　但在思考沉淀的过程中不要轻易表现出自己的想法，以免产生负面影响，经过群力群策和认真调查分析之后得出的结论往往是最优方案。一项决定的最终实施，必须充分考虑各种因素，权衡利弊，慎重做出选择，这样才能将积极因素发挥到最大，将消极影响压缩到最小。

封禅嵩山的自信

　　武则天在称帝之前临朝称制，已经治理大唐七年的时间，成为皇帝之后又采取了一系列有力措施，让国家走上了繁荣稳定的正轨，社会展现出欣欣向荣的局面。武则天对于自己的统治非常满意。

　　在成为皇帝的前几年，武则天所使用的年号都带有吉祥、美好的寓意，如天授、如意、长寿、延载等。695年，武则天再次为自己加尊号为"慈氏越古金轮圣神皇帝"，同时将年号改为"证圣"，意为"证入圣果"，也就是说自己的统治政绩斐然，已经到了最高的境界。武则天仍不满足，这一年又将年号改成了"天册万岁"，表现了女皇帝志得意满的自信。

　　为了展现自己开创的盛世，武则天做了一个决定，即通过封禅的形式昭告天下，武周王朝江山永固、国泰民安。唐高宗曾于乾封元年（666年）举行了封禅仪式，武则天当年是以皇后的身份参与的，高宗皇帝行初献礼，武则天为亚献，对于皇后而言这已经是非常高的恩遇了。如今时过境迁，三十年已经过去了，武则天已经是这万里江山的主宰，这一次的封禅她要展现的是至高无上的荣耀。

同历史上其他皇帝不同的是，武则天并没有将封禅的地点选为泰山，而是选择了嵩山。究其原因，主要出于两点考虑：其一，嵩山距离洛阳比较近，武则天年事已高，封禅嵩山时已经七十多岁高龄，在地理距离上比较适合；其二，武则天选择封禅嵩山最主要的原因在于自己是一位女皇帝，她希望和以前的历代帝王有所区别。于是，武则天将嵩山改称为神岳，于天册万岁二年（696 年）的腊月初一，带领文武百官从洛阳前往嵩山。《资治通鉴》中对封禅嵩山的时间、流程有详细记载：

> 腊月，甲戌，太后发神都；甲申，封神岳；赦天下，改元万岁登封，天下百姓无出今年租税；大酺九日。丁亥，禅于少室；己丑，御朝觐坛受贺；癸巳，还宫；甲午，谒太庙。

武则天之所以不顾年迈之躯亲自封禅嵩山，有其深层的原因。首先，封禅仪式历来是皇帝的专属，在太平盛世举办封禅活动，能够彰显皇帝的英明神武和国家的强盛。其次，武则天取得皇帝之位采用的是一种特殊的方式，虽然已经治理国家十多年，但她仍然希望通过封禅这一最权威的方式向世人证明自己作为女性统治者的合法性。君权神授，自己成为皇帝，改唐为周是上天的旨意，所以名正言顺。最后，武则天和其他皇帝一样，希望通过封禅名山来祈福，让上天保佑大周江山的长治久安，巩固其自身的统治。

这次封禅仪式规模宏大，参与的人员非常之多，大队人马浩浩荡荡，彰显了皇帝的尊贵，整个过程持续了二十多天。嵩山封禅礼毕，武则天大赦天下，将年号改为"万岁登封"，用以纪念这次隆重的仪式。武则天非常高兴，宣布免除当年百姓的全部赋税，同时还"大酺九日"，意思是允许大周的子民庆贺这件喜事，可以欢聚饮宴九天的时间。

当封禅大典完成后，武则天受群臣朝觐时，终于感受到了君临天下的气象。一代女皇踌躇满志，无比自信，她准备在自己的统治之下开创一个前无古人、后无来者的武周盛世。

李昭德

（？—697年），字昭德，陇西成纪（今甘肃省天水市秦安县）人，唐朝宰相。曾任御史中丞，后任凤阁侍郎、同平章事，拜为宰相。为官期间严打酷吏，拥护李唐，后遭酷吏诬告，最终被杀。

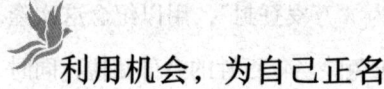

利用机会，为自己正名

　　武则天之所以对封禅嵩山表现出极高的热情，不仅是她作为皇帝的一个仪式，更重要的是她要创造出这个机会，向天下人证明自己的治国才能和作为女皇帝开创武周王朝的合法性。封禅嵩山采取了隆重的仪式，群臣恭贺，万民欢腾，这一派祥和之景正是武则天统治之下政绩卓然的表现，她通过封禅向世人昭示，自己作为一代女皇毫无争议。

　　在工作和生活中，有的人因为旁人的偏见而得不到认可，而这种偏见往往是片面的、不正确的。在这种情况下，急于辩解或引发冲突并不能解决问题，反而会让矛盾越来越深。自信的人通常具有强大的内心，不会纠结于一时的误解，他们会在恰当的时机为自己正名。比如，在工作中发挥自己的才能解决他人无法解决的难题，在生活中通过一些善举赢得别人的尊重。只要自身足够优秀，总有一天会用自己的光芒照亮他人。

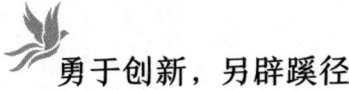

勇于创新，另辟蹊径

武则天封禅嵩山与历史上历代皇帝封禅泰山选择的地点不同，她做出这样的决定一方面是要与历代男性皇帝的封禅有所区别，另一方面也体现了她勇于打破权威、敢于创造历史的精神，这对于一位女性皇帝而言更加难能可贵。

现代人在树立志向和追逐梦想的过程中也要有这种敢为人先的勇气，当我们明确自己追求的终极目标时应该摒弃世俗的观念，挣脱束缚，打破常规，勇敢地向着梦想努力。如果畏首畏尾，瞻前顾后，在关键时刻缺乏魄力，将很难有大的成就。

纵横斡旋，调和李武

在一代女皇武则天的治理之下，武周王朝国力强盛，社会安定，百姓富庶。国富民强的社会面貌展现了这位女政治家卓越的治国才能。但是，武则天认为朝廷内还有需要解决的问题，若是放任不管终将酿成大祸。

武周王朝逐渐稳定步入正轨之后，武则天开始对曾经委以重任的众多酷吏进行了清理，如周兴、索元礼、来俊臣等先后被处死或流放。武则天的意图很明显，天下大治，酷吏已经没有了继续利用的价值，留下他们只会增加朝廷的不安定因素，所以她一举结束了酷吏的统治。在酷吏当中有一个叫吉顼的人比较特殊，他早年曾经是进士出身，但也比较阴狠狡诈，在很长一段时间内也是酷吏当中的一员。但是此人又十分有远见，他看出了武则天并非真正要依靠酷吏治理天下，就逐渐脱离酷吏之列，成为朝廷里的重臣。吉顼在武则天统治后期还曾经担任过宰相。

　　吉顼在诛杀来俊臣和重立庐陵王的过程中都起到过重要作用，所以武则天对他比较器重。然而好景不长，吉顼支持立庐陵王为太子，与太子的关系也越来越紧密，这引起了武氏家族的不满，他们最终找到了一个把柄，就将吉顼贬到浙江做安固县尉去了。

　　吉顼在辞别武则天的时候，声泪俱下地向武则天阐述了一个朝廷内急需解决的大问题，就是李氏家族和武氏家族的关系问题，如果任其发展，武周王朝永无宁日。《资治通鉴》中记载了吉顼的观点：

　　太后命之坐，问之，顼曰："合水土为泥，有争乎？"太后曰："无之。"又曰："分半为佛，半为天尊，有争乎？"曰："有争矣。"顼顿首曰："宗室、外戚各当其分，则天下安。今太子已立而外戚犹为王，此陛下驱之使他日必争，两不得安也。"太后曰："朕亦知之。然业已如是，不可何如。"

　　吉顼做了一个形象的比喻，他说，如果将水和土融合在一起成为泥，就不会引发什么争执。但是将泥分成两半，一半塑成佛祖，一半塑成天尊，就会再次产生矛盾。言外之意就是，需要妥善处理好李武之间的关系，不要为将来埋下隐患。武则天认为吉顼的话很有道理，开始有意识地斡旋李武双方，希望能缓和双方的矛盾。

　　李武之间的矛盾由来已久，尤其是庐陵王重新被立为太子之后，双方有剑拔弩张之势，魏王武承嗣还因未能得到太子之位一命呜呼，更加激化了双方的矛盾。李氏宗族以太子李显、相王李旦及太平公主为代表，武氏家族以梁王武三思，以及后辈的武家子弟为代表。一边是自己的亲生儿女，另一边是侄子等外戚，武则天最终选择亲自出面，调和李武之间的矛盾。

一方面，武则天在重新确立太子之后对武氏家族进行了封赏，既是为了安慰他们更是为了稳住局势。另一方面，武则天积极创造机会弥合两家的分歧。武周久视元年（700年）的夏天，武则天在三阳宫大摆宴席，举办了一次聚会，她所宴请的嘉宾正是太子李显、相王李旦及梁王武三思，除此之外还有几位朝廷重臣作陪，如狄仁杰、姚元崇，以及"二张"兄弟。这次聚会气氛十分和谐，武则天也兴致颇高，不由得诗兴大发，写了一首《游石淙诗》：

三山十洞光玄箓，玉峤金峦镇紫微。

均露均霜标胜壤，交风交雨列皇畿。

万仞高岩藏日色，千寻幽涧浴云衣。

且驻欢筵赏仁智，雕鞍薄晚杂尘飞。

武则天这首诗表面上描写了眼前所见的美景，实际是她内心的真实写照，诗中描绘的景色一派祥和、无限美好，这正是她所期待的李武两家一团和气的场景。这首诗的开头还有一段交代当时环境的序，其中写道："无烦昆阆之游，自然形胜之所，当使人题彩翰，各写琼篇。庶无滞于幽栖，冀不孤于泉石。各题四韵，咸赋七言。"这正是武则天的高明之处，她将现场的气氛调动起来，让所有人都按照要求即席赋诗，让这次聚会成为一次难忘的经历。皇帝要求大家赋诗，众人无不从命，武则天心情大好，还命人将大家所作的诗篇刻在了石壁上，以为纪念。武则天组织的这次聚会被称为"石淙宴饮"，对于缓和李武两家的矛盾起到了一定的积极作用。

随着武则天年事已高，她担心自己百年之后李武两家针锋相对，动摇国本，还采取过一些特殊手段来约束双方，"壬寅，命太子、相王、太平公主与武攸暨等为誓文，告天地于明堂，铭之铁券，藏于史馆"（《资治通鉴》）。武攸暨是太平公主的丈夫，同时也是武则天的堂侄，在武家子弟当中位置非常重要。武则天考虑到他的特殊身份，曾经将太子李显、相王李旦、太平公主，以及武攸暨召至象征天子身份的明堂，要求这四个人盟誓，祷告天地，誓言日后永远不会互相残害，同时让人将誓言铭刻在铁券上，藏在史馆中，作为信物。

武则天为了调和李武两家的关系，纵横斡旋，可谓煞费苦心。事实证明，武则天所做的努力没有白费，在武则天统治时期，李武两家的关系一直相对稳定，没有让朝廷陷入混乱之中。

—— 吉顼 ——

（生卒年不详），洛州河南（今河南省洛阳市）人，唐朝武周时期宰相。历任明堂尉、右肃政台御史中丞、控鹤监内供奉等，后官拜宰相。敢于直言，主张诛杀酷吏来俊臣。

及时发现问题，消除潜在隐患

武则天在统治期间分阶段地将朝廷内的不安定因素——解决，体现了她作为政治家敏锐的直觉和卓越的才能。清理酷吏、确立太子、调和李武，这些事件的推动是武则天为了武周江山的未来安定所做的不懈努力，她很清楚，如果存在这些隐患，江山将永无宁日，所以要将潜在风险提前消除掉。

武则天的思路对于现代团队建设有非常重要的参考价值。一个团队或者企业往往由形形色色的成员组成，成员之间总会由于各种原因存在一些比较突出的矛盾。如果管理者放任不管，任其自然发展，总有一天矛盾激化，必将造成严重的后果。正确的做法是及时发现问题之后，对矛盾双方进行调和，使之化干戈为玉帛。唯有如此，团队或企业才能一团和气，向着更大更强的方向发展。

深谙人情世故，把握他人心理

武则天虽然贵为皇帝，但她在处理人情世故方面同样有着很高的水平，为了调和李武之间的矛盾，她创造了"石淙宴饮"的机会，让李武两家在祥和的气氛中饮酒作诗，缓和他们的矛盾。为了让李武两家永不为敌，她将自己的儿女和侄子武攸暨召集到明堂对着天地发誓，她考虑到武攸暨堂侄兼女婿的身份，采取了这样的形式，不得不说是一位人情练达的女皇帝。

深谙人情世故往往能够为我们处理问题带来更多的思路。我们在工作生活当中应该细心观察周围人的性格特点和实际情况，善于把握他人的心理。在正常的思维和流程中，很多事情的推进经常会遇到瓶颈，这时候我们不妨另辟蹊径，花时间去了解一下他人的家庭情况、社会关系及个人爱好等。打好感情牌，与他人巧妙沟通交流，也许能从中找到突破口，博得他人的好感，从而为问题的解决增加助力。很多看似难以解决的事情，如果从人情世故的角度去进行突破，也许会收到意想不到的效果。

依依柳色变，处处春风起。
借问向盐池，何如游泸水？（武则天赐姚崇）

第七章

千古功业：
文韬武略，
耀古烁今

　　武则天统治时期，国家的各个领域成就斐然，这归功于一代女皇的知人善任和文韬武略。

　　武则天作为中国历史上唯一的女皇帝，具有非同常人的雄才大略，她利用治国理政的杰出才能将武周王朝治理得政治稳定、经济富庶、文化繁荣、军事强大、社会安宁，创造了震古烁今的不朽功业。这些成就的取得，与武则天的治国思想和非凡的胆识密不可分，这也奠定了一代女皇在中国历史上的重要地位。

建国之本，必在于农

在武则天的治国方略当中，农业生产一直是非常重要的领域，这源于武则天根深蒂固的"重农"思想。武则天对于治国理政有一种天生的洞察力，唐太宗统治时期，武则天就意识到太宗皇帝极其重视农业发展，对于唐太宗"国以人为本，人以衣食为本"的思想十分认同。

所以，在她辅助唐高宗时期，以及二圣临朝时期一直推行重视农业的措施。唐高宗上元元年（674年），武则天作为皇后向高宗上建言十二事，积极主张"劝农桑，薄赋徭""给复三辅地""省功费力役"等措施。这些政策直接解放了生产力，扩大了耕地面积，同时减轻了农民的赋税负担，提高了他们从事农业生产的积极性，对于当时的农业发展起到了十分重要的作用。

唐高宗去世后，武则天从临朝称制到建立武周王朝，继续加大对于农业的支持力度。在武则天看来，农业是社会稳定的基础，它关乎国家的生死存亡。武则天与北门学士共同编写的《臣轨》一书中着重强调了"建国之本，必在于农""务农则田垦，田垦则粟多，粟多则人富""家给人足，则国自安焉"等观点，并且要求臣下除害兴利，兴利的首要任务就是要在农业领域创造政绩。可见武则天作为一位政治家的远见卓识。

从具体措施上看，武则天统治时期推行了诸多支持农业发展的政令和举措。

首先，主持编写并颁布农书。武则天在辅佐唐高宗时期，曾经组织编写了一本《兆人本业》，这是一本农业生产的指导书。农民虽然有生产经验，但大多数农民的文化程度不高，武则天命人将农业生产领域的成果经验加以总结，形成了这本著作。"兆人"形容大唐王朝的人口众多，"本业"则强调了国家对于农业的重视和支持。垂拱二年（686年），武则天将《兆人本业》颁行天下，分发到了全国各地。这本书在当时产生了极大的作用，使得农业有了科学指导，推动了农民发展生产的积极性。

其次，调节人口与土地之间的矛盾。武则天称帝之后，不再将长安作为都城，而是东迁到了洛阳。除了政治上的特殊考虑，也出于对农业发展的重视。长安处于关中平原，作为古都有着得天独厚的地理优势，并且人口众多、经济富庶，但是也面临着耕地面积不足的现实情况。如果将长安作为都城，城内拥有庞大的政治机构，同时兼顾军事防御、社会治安等因素，将会大大压缩可以耕种的土地面积。武则天为了解决人口与土地之间的矛盾，将都城东迁到了洛阳。洛阳相较于长安，交通更为发达，且靠近东部平原，耕地面积十分充足，即便是在粮食出现短缺的情况下，也能利用发达的交通迅速进行补给，不会出现大的问题。

除了迁都之外，武则天还有组织地进行了多次大规模的移民活动，将一些无地可耕的百姓迁徙到土地充足的地区，进一步解决人口与土地的问题。天授二年（691 年），朝廷曾经将雍州、同州等地的几十万人口迁徙到洛阳一带，有效缓解了西部地区人稠地少的问题。此外，对于各地的流民，朝廷也进行了有针对性的安置，使其有地可耕，流民生活得到保障，进而解决了影响社会治安的隐患，可谓一举两得。

再次，在边疆地区大兴屯田。武则天统治时期，边疆的军事行动非常多，行军打仗粮草是至关重要的军事补给，为了解决军队的粮食问题，武则天大力提倡在边疆地区进行农业生产活动。天授初年（690 年），武则天任命娄师德为左金吾将军，检校丰州都督，并让他负责边境地区的屯田事务。娄师德不负所望，率领士兵积极生产，获得了大丰收。经过他们的努力，军队所需的粮食实现了自给自足，不需要朝廷另外提供。武则天看到娄师德取得的成绩，龙颜大悦，对娄师德赞不绝口。《旧唐书·娄师德传》中记载：

卿素积忠勤，兼怀武略，朕所以寄之襟要，授以甲兵。自卿受委北陲，总司军任，往还灵、夏，检校屯田，收率既多，京坻遽积。不烦和籴之费，无复转输之艰，两军及北镇兵数年咸得支给。勤劳之诚，久而弥著，览以嘉尚，欣悦良深。

大足元年（701 年），武则天任命郭元振为凉州都督、陇右诸军州大使，率军驻扎在西北地区，巩固了边境的安定。为了解决军粮问题，郭元振命甘州刺史李汉通开展屯田活动。《资治通鉴》中有记载：

> 元振又令甘州刺史李汉通开置屯田，尽水陆之利。旧凉州粟麦斛至数千，及汉通收率之后，一缣籴数十斛，积军粮支数十年。元振善于抚御，在凉州五年，夷、夏畏慕，令行禁止，牛羊被野，路不拾遗。

边疆屯田取得的效果非常显著，军事层面的屯田活动贯穿于武则天统治的整个时期。朝廷对边疆地区农业发展的大力支持，推动了这些地区的建设发展。

除了以上直接对于农业生产的政策措施，为了进一步推动农业建设，武则天还规定将农业领域取得的政绩作为考核官员的重要标准。这样一来，地方官员不得不重点支持发展农业，对农业发展起到了积极作用。

> **郭元振**
>
> （656—713年），名震，字元振，以字行，魏州贵乡（今河北邯郸）人，唐朝将领。咸亨进士，历任凉州都督、陇右诸军大使、安西大都督、兵部尚书等。任凉州都督期间，筑垒屯田，军粮充足。

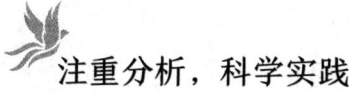

注重分析，科学实践

武则天对于当时农业发展的状况了如指掌，这是她经过长时间的调查分析获得的一手资料。根据调查的结果，武则天不仅主持编写了农业生产的指导书，还做出了迁都洛阳、大规模移民、屯田戍边等各项决策，事实证明这些措施都取得了非常好的效果。武则天多措并举、因地制宜的农业发展方案体现了她作为女政治家杰出的治国理政才能。同时，其具体分析、注重科学实践的精神也是值得我们学习的重要品质。

在现在这个快节奏的工作环境中，每个人都需要培养和提升自己分析问题和科学实践的能力。因为只有深入分析具体问题，才能抓住问题的核心，找到有效解决问题的办法。同时，还要科学实践，即敢于尝试新的方法，通过具体的实践来检验理论的可行性，继而逐步提升工作的效率。

实际上，不只在工作中，在日常学习和生活中都应如此，这样才能逐步击破各类问题，让自己更好地学习、工作和生活。

善于整合资源，实现最优配置

　　武则天在发展农业上采用了官方颁布政策与地方发展相结合的策略，朝廷颁布一系列支持农业发展的政令、措施，但为了保证这些政策的推行，武则天要求将官员们在农业发展领域做出的成绩当作考核的重要标准，这就倒逼地方政府大力支持农业建设，保证了朝廷政令的有效实施。

　　任何时候都需要合理整合资源，实现最优配置，尤其对于企业或团队的领导者来说。作为领导者应该把握全局，对于下属的工作采取具有指导性的管理方式。由于每个成员的能力水平存在差异，为了让不同成员的能力得到施展，不妨设定一个最低标准。对未达到最低标准者加以鞭策，而对达到标准且工作出色的人进行奖励，赏罚分明，张弛有度，这样能调动所有人的积极性，让人才资源发挥最优配置。

科技文史齐发展

在中国历史上，唐朝拥有强大的国力和繁荣的经济，推动了整个社会在科技文史等各个领域的发展。武则天执政时期，继承了盛唐的传统，在她的推动下取得了许多令后世瞩目的成果。

唐三彩诞生于唐高宗时期，并在武则天统治时期发扬光大。唐三彩的全称是唐代三彩釉陶器，是在白色素胎上加入黄、蓝、绿等颜色加以装饰而成的瓷器。三彩并不是指三种颜色，而是多彩的意思。唐三彩通常作为冥器下葬，在武则天时期器型逐渐发展完善，以人物俑和动物俑的造型最为典型。唐三彩的烧制工艺十分复杂，体现了当时高超的技艺水平。

武则天时期的印刷术有了长足进步。雕版印刷术出现于唐朝，武则天由于崇尚佛教，曾大量印制佛经和佛像，进一步推动了印刷术的发展。除了用于印刷佛教用品，武则天还将其引入官方文件的印刷上。武则天在称帝之后，武承嗣为了成为太子，派王庆之向武则天建议废掉皇嗣，但武则天没有同意，为了安抚王庆之，武则天给了他一张特别的"通行证"，日后需要商议这件事的时候可以凭此证进宫。《资治通鉴》中记载如下："太后谕遣之。庆之伏地，以死泣请，不去。太后乃以印纸遗之曰：'欲见我，以此示门者。'"这里的"印纸"就是雕版印刷的。由此可见，在当时的一些官方文件中，雕版印刷已经有了广泛运用。

在文化方面，武则天对于佛教是非常推崇的，她之所以能称帝，在舆论造势上就是通过对《大云经》进行解读，才让自己称帝名正言顺，因而在她统治期间，佛教十分盛行。全国各地广修寺庙，高僧开坛讲经非常频繁。有了统治者的推动，百姓崇佛拜佛是自然而然的事情，所以在当时，佛教有非常好的发展环境，佛经不断刊印，对于后世产生了十分深远的影响。

伴随着尊佛崇佛的社会风气不断高涨，促进了精美的石窟艺术的发展。最为著名的当数龙门石窟中奉先寺的开凿建设，武则天亲自参与设计了奉先寺的建造，同时还捐献了私人钱财用于石窟的开凿。奉先寺石窟中的主佛卢舍那大佛，据说是按照武则天的样貌进行雕刻的，既有佛家的慈悲又有帝王的威严。除了龙门石窟，全国其他地区的石窟艺术也有了很大发展，如广元石窟、巴中石窟、汉中石窟等，都在前代的基础上继续开凿，在武则天统治之下达到了艺术上的全盛时期。

唐朝是诗歌的国度，武则天时期涌现了许多经典的诗歌，作为皇帝的武则天有时候也诗兴大发，挥毫泼墨，《全唐诗》中收录了武则天数十首作品，可见武则天的诗作也是有一定水平的。在武则天统治时期，文坛上最著名的诗人当属"初唐四杰"，即王勃、杨炯、卢照邻、骆宾王。这四位文学家的诗歌齐名，在当时受到人们的推崇，代表作如王勃的《滕王阁诗》（并序）、杨炯的《从军行》、卢照邻的《长安古意》、骆宾王的《在狱咏蝉》。虽然初唐四杰在政治上有各种各样的坎坷和不幸，但他们的作品却如同他们的名气一样万世流传，正如后世诗人杜甫评价的一样："王杨卢骆当时体，轻薄为文哂未休。尔曹身与名俱灭，不废江河万古流。"除初唐四杰之外，这一时期还有一位著名的诗人陈子昂。陈子昂不仅在文学上造诣颇深，还受到了武则天的重用。陈子昂以其独特的诗歌写作风格成了当时诗文革新的标志性人物，其作品《登幽州台歌》是唐诗中的绝唱。

陈子昂

（659—700 年），字伯玉，唐梓州射洪（今四川省射洪市）人，初唐文学家、诗人。文明年间进士，直言敢谏，为武则天所赏识，拜麟台正字，后升右拾遗。诗文反对绮丽之风，标举汉魏风骨，强调兴寄。其诗风骨峥嵘、苍劲有力。代表作有《登幽州台歌》《感遇》等。

龙门石窟奉先寺卢舍那大佛

四川广元皇泽寺石窟

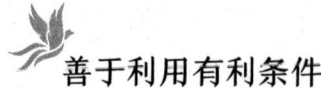

善于利用有利条件

众所周知，武则天在称帝之前为自己造势，薛怀义等人注解的《大云经疏》称武则天是弥勒佛转世，成为皇帝是名正言顺的。这一理论在舆论上获得了众多人的认可与支持，所以武则天能够称帝，很大程度上是借助了佛教和佛经的影响力。基于这一原因，在武则天称帝之后始终坚持尊佛崇佛，在全国各地开凿石窟、开坛讲经，大大促进了佛教的发展。武则天也向人们展示了如何利用文化资源，助力自己更好地发展。

在当代，我们也应学习如何更好地利用有效资源。首先，在整合资源方面，我们应当深度了解文化，将传统文化转化为可用资产，如通过传统文化塑造品牌形象，提升品牌价值。其次，在目标坚持方面，不能仅停留在或满足于短期成果，要持续不断地坚持并不断升级，从而不断前进，最终立于不败之地。

营造宽松的团队环境

武则天统治时期涌现了许多影响后世的大诗人，如初唐四杰、陈子昂、宋之问、杜审言等，由于当时有比较宽松的文学氛围，这批诗人才能自由创作，写出了众多经典的诗作，造就了唐诗在中国文学史上的伟大成就。武则天作为帝王，也时常赋诗一首，是对当时文风的引领。

武则天统治时期，总体上营造了积极向上的朝政环境和社会氛围。无论是治理朝政还是发展文化，她并不追求事无巨细的严苛，反而给了人们一定的自由度。事实证明，在她统治时期，国家各项成就都足以彪炳千古。

而这对于当代的管理者来说同样具有重要启示。身为管理者开展工作时应该把握好合适的尺度，总体上制定正确的方针政策作为指引，控制好大的方向即可，在具体工作中不宜过多干预成员的思路，避免造成负面影响。在集体和团队当中，给每一位成员足够的自由度，让他们尽情施展自己的才能，最终取得的成绩往往会超出预期。

复安西四镇的壮举

武则天虽然是一位女皇帝，却有着非凡的胆识与谋略，在她统治期间曾经发动过多次军事行动，其中与大唐和武周交战最频繁的对手就是吐蕃王朝。

吐蕃王朝建立于唐太宗贞观年间，在其建立初期与大唐保持着和谐友好的关系。吐蕃王朝的创建者松赞干布仰慕唐朝，还派遣使者与大唐通好求聘，后来唐太宗将宗室之女文成公主嫁给了松赞干布，大唐与吐蕃维持了较长时间的稳定局面。

650 年，松赞干布去世，他的儿子共日共赞亦早逝，王位由他的孙子芒松芒赞继承。但芒松芒赞年幼，由吐蕃的大相（相当于宰相）噶尔·东赞辅佐，噶尔·东赞大权独揽，由此开始了吐蕃与大唐的对立局面。

噶尔·东赞不仅消灭了吐蕃内部的敌对势力，还主张积极对外扩张。唐高宗显庆四年（659 年），吐蕃开始进攻吐谷浑。吐谷浑是鲜卑族首领慕容吐谷浑在西北地区建立的政权，主要盘踞在青海一带。到了唐高宗龙朔三年（663年），吐谷浑被吐蕃灭国，国君慕容诺曷钵和弘化公主（唐太宗族妹，唐朝第一位和亲公主）被迫逃往凉州寻求大唐庇护。吐蕃占领了吐谷浑之后，便将扩张目标对准了唐朝安西都护府管辖之下的安西四镇。

唐太宗贞观十四年（640年），唐朝灭高昌国（吐鲁番盆地汉人建立的政权），设立了军政机构安西都护府统辖西域地区，并在这里建设了四座军镇，称之为安西四镇，分别为龟兹（今新疆库车）、于阗（今新疆和田）、疏勒（今新疆喀什）、焉耆（今新疆焉耆），治所设在龟兹。

唐高宗咸亨元年（670年），原来的吐蕃大相噶尔·东赞早已去世，但他的儿子钦陵担任了吐蕃大相，这一年他发动了对安西四镇的进攻，一举占领了安西四镇。唐高宗大为震怒，派薛仁贵率大军前往征讨，没想到在"大非川之战"中惨败，没有实现对安西四镇的收复。从此之后，唐朝和吐蕃在这里频繁交战，上元年间，唐朝重新夺回了安西四镇。

仪凤三年（678年），安西四镇再次被吐蕃占领，唐高宗重新派出十八万大军进攻吐蕃，由李敬玄为主将，王孝杰、刘审礼为副将，结果再次失利，王孝杰、刘审礼被吐蕃军俘虏。刘审礼不久病死，吐蕃国君赤都松赞见到王孝杰后大吃一惊，原来王孝杰的相貌与他的父亲非常相似，所以吐蕃对王孝杰非常礼遇，并很快将他放回了大唐。

调露元年（679年），唐朝收复了安西四镇，此时突厥首领阿史德温傅、阿史那奉职两个部落反叛大唐，唐高宗派裴行俭平叛。裴行俭用计谋平定了突厥部落的反叛，他命令王方翼在碎叶城（今吉尔吉斯斯坦境内）建筑军镇，从此碎叶镇代替了原来的焉耆镇，安西四镇调整为碎叶、龟兹、于阗、疏勒。

唐高宗去世后，吐蕃趁机再次占领了安西四镇。武则天在永昌元年（689年）派韦待价为安息道行军大总管，出击吐蕃。然而韦待价用兵不善，遭遇惨败。幸亏副都护唐休璟稳住了大局，指挥残兵进行了抵御。武则天很生气，将韦待价除名，封唐休璟为西州都督。

征战不利让武则天意识到当前的吐蕃主张积极对外扩张，势头凶猛，更兼吐蕃大相钦陵善于用兵，想要给吐蕃以重大打击需要等待一个合适的机会。于是武则天并不急于出兵，而是先一步步完成自己称帝的目标。

武则天静待时机，她等待的机会就是在吐蕃内部出现危机时乘虚而入。果不其然，武周天授二年（691年），吐蕃国君赤都松赞与大相钦陵之间爆发了激烈的矛盾，矛盾的焦点在于赤都松赞不堪忍受大相钦陵长期以来大权独揽，将自己视为傀儡，所以他要亲政，夺回属于自己的权力。权相钦陵自然不会同意，但赤都松赞主动采取了措施。

此前，吐蕃各部落的盟会都是大相钦陵主持，由他来决定具体地点。这一年的盟会，赤都松赞改成了自己亲自主持，盟会地点也临时做了改变，这无疑是在宣示自己的权威。钦陵虽然对赤都松赞不满，但也只能接受既定事实，赤都松赞通过这一行动重新掌握了吐蕃的实权。吐蕃国君与钦陵所在家族之间的不和让吐蕃内部动荡不安，开始出现了不稳定因素。到了武周长寿元年（692年），原本归附于吐蕃的党项部落叛变，改投武周王朝，这让武则天意识到，出击吐蕃，夺回安西四镇的时机即将到来了。武则天将党项部落的一万余人分别安置之后，时刻注意着吐蕃国内的动向。

事情确实朝着武则天预想的方向发展，很快吐蕃的一个部落酋长曷苏叛变了，他带领着本部落人马请求归附武周。武则天不知曷苏是否真心归顺，一边做了提防，一边任命右玉钤卫将军张玄遇为安抚使，率领精兵两万前去接收对方的人马。没想到，曷苏带领的队伍走到一半时被发现了，曷苏很快就被抓了回去。张玄遇原本以为功败垂成，没想到另一支部落的酋长昝捶率领着羌蛮各族八千余人前来归附，张玄遇将这一部落安置在莱川州后回朝廷向武周皇帝复命。

通过这一系列的事件，武则天判断出吐蕃内部政局不稳，是时候向西域进军，夺回安西四镇了。此时的唐休璟正担任西州都督，他也一直在观察着吐蕃的动向，认为吐蕃发生了内乱，现在是夺回西域的好时机。武则天当机立断，任命王孝杰为武威军总管，同时派出武卫大将军阿史那忠节率领军队进攻吐蕃。王孝杰曾经在唐高宗仪凤年间对阵吐蕃的作战中被俘虏，所以王孝杰对于吐蕃的情况非常了解，这成了唐朝军队作战的有利条件。长寿元年（692年）的十月，王孝杰率领的军队大破吐蕃，终于夺回了安西四镇。《资治通鉴》中对于这次战争的过程有简洁但完整的记载：

初，新丰王孝杰从刘审礼击吐蕃，为副总管，与审礼皆没于吐蕃。赞普见孝杰泣曰："貌类吾父。"厚礼之，后竟得归，累迁右鹰扬卫将军。孝杰久在吐蕃，知其虚实。会西州都督唐休璟请复取龟兹、于阗、疏勒、碎叶四镇，敕以孝杰为武威军总管，与左武卫大将军阿史那忠节将兵击吐蕃。冬，十月，丙戌，大破吐蕃，复取四镇，置安西都护府于龟兹，发兵戍之。

在《旧唐书》中还记载了武则天对于复取安西四镇的态度：

乃克复龟兹、于阗、疏勒、碎叶四镇而还。则天大悦，谓侍臣曰："昔贞观中贝绫，得此蕃城，其后西陲不守，并陷吐蕃。今既尽复于旧，边境自然无事。孝杰建斯功效，竭此款诚，遂能裹足徒行，身与士卒齐力。如此忠恳，深是可嘉。"

复取安西四镇对于武周王朝来讲意义重大，它不仅恢复了唐太宗贞观年间的国土面积，从战略上讲更有利于武周王朝的长治久安。武则天自己评价为"今既尽复于旧，边境自然无事"。

安西之地远离中原地区，长期以来大唐很难直接实施统治，而吐蕃由于地理距离近时常对其进行侵扰，所以出现了唐朝和吐蕃反复争夺此地的情况。武则天为了结束这一局面，在大破吐蕃以后力排众议，向安西四镇发兵两万余人长期驻守，从此安西四镇在很长时期内没有出现大规模的战争。吐蕃深知武周王朝的决心，也不敢再轻举妄动。

从武则天长寿年间开始，安西地区维持了长达六七十年的稳定局面，一直到唐玄宗后期的"安史之乱"才出现了新的变局。安西四镇的彻底收复是武则天军事领域的一大壮举，可谓功在当代，利在后世。

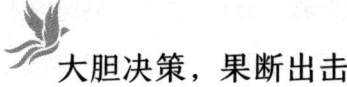

大胆决策，果断出击

吐蕃重新占领安西四镇之后，武则天下决心要彻底收复这一区域，但是她并没有做出草率的出兵决策，而是先派人收集情报，密切关注吐蕃的动向。当她得到吐蕃内部产生混乱的可靠消息后，在西州都督唐休璟的建议下，迅速出兵吐蕃，一举收复安西四镇。

武则天的战略决策不仅彰显了其卓越的军事才能，也凸显了其大胆且果敢的特征，这对当代人具有重要的借鉴意义。

在追求目标的过程中，我们需要进行长时间的准备，要保持足够的耐心，做到不骄不躁，专心致志。一旦最佳时机悄然来临，切忌过分谨慎而犹豫不前，而应集聚全部力量，果断决策，大胆出击。因为好的机会转瞬即逝，如果因犹豫不决而错失良机，只会追悔莫及。

以长远的眼光看问题

武则天在收复安西四镇之后，为了实现西域地区的长治久安，不顾大臣的反对，专门派遣了一支两万多人的军队长期驻扎在安西四镇。这体现了武则天的高瞻远瞩，她以长远的眼光看问题，如果不对此地进行军事巩固，用不了多久吐蕃还会卷土重来，到时候就会前功尽弃。事实证明，武则天的决策非常正确，从长寿二年收复安西之后，一直到安史之乱之前的六七十年，这一地区牢牢掌握在武周和大唐的统治之下。

这一史实让我们明白，任何时候都不能只顾眼前的事，而应放眼未来，正确预见并应对可能面临的机遇和挑战。

在现代社会，无论是职业规划还是企业经营，都要具备长远的目光。这就要求我们要不断学习知识，提升自己的认知水平，从而适应日益变化的环境。同时，要培养坚定的毅力，不能因为眼前的利益或苦难而放弃长远的目标，并依据目标分析未来可能发生的变化，进而做出科学、稳妥的决定，这样才能获得长久的利益。可以说，以长远的眼光看待问题，是我们在多变的环境中准确做出决策的关键。

任用女官，巾帼不让须眉

女官制度由来已久，到了唐朝已经十分完备。唐朝的女官分为内官和宫官两类。内官指的是皇帝的妃、嫔、嫱、昭仪、才人等，她们的职责主要是辅助皇后进行后宫的治理。宫官则是服务于后宫的女性职官，她们大多是宫女出身，由于能力出众被选拔出来，负责"六尚"事务，即"尚宫、尚仪、尚服、尚食、尚寝、尚功"，主要是日常生活层面的服务性工作。

武则天临朝时期，女官的任用与之前有了非常明显的区别。除了遵循原有的女官制度，武则天还在特定环境下允许女官参与政事，这是历朝历代从未出现过的情况。武则天任用女官参政，与她自己身为女皇帝密切相关，她需要身边有才学、能力出众的女官辅助自己，在内廷处理紧要的政事。

武则天改唐为周之后，征召了多名才华卓著、人品上佳的女性入宫辅政，其中较为著名的有高宗时期大臣司马慎微的妻子李氏、官员殷履直的妻子颜氏、裴行俭之妻库狄氏等，在许多史料中都有关于这些女官参与朝政的记载。

《司马慎微墓志》上记录了司马慎微的妻子李氏被征召入宫的背景："载初年，皇太后临朝求诸女史，敕颍川郡王载德诣门辟召侍奉。宸极一十五年，墨敕制词，多夫人所作。"李夫人在武则天身边主要负责起草文书，长达十五年，可见武则天对她的信任。

殷履直的妻子颜氏是后世书法家颜真卿的姑姑，颜真卿在《杭州钱塘县丞殷府君夫人颜君神道碣铭》中记录了颜氏被召为女官的情形："天后当宁，旁求女史。太夫人殷氏，以彤管之才，膺大家之选，召置左右，不遑顾复。"颜氏因为有"彤管之才"而被武则天欣赏。可见，武则天选拔女官的重要标准就是要文采出众，并且具有一定的行政能力。

裴行俭的夫人库狄氏担任女官的背景在《新唐书·裴光庭传》中有相关记录："光庭字连城，早孤。母库狄氏，有妇德，武则天召入宫，为御正，甚见亲宠，光庭由是累迁太常丞。"裴光庭是裴行俭之子，他的母亲库狄氏被武则天召入宫后拜为"御正"。御正这一官职负责侍奉在皇帝身边宣达诏命，参议政事，有比较大的权力。可见，武则天不仅任用了一批女官群体，并且对她们予以重用，充分发挥了女官的价值。

除了以上几位重要的女官，还有一位女官是比较特殊的存在，她就是上官婉儿。上官婉儿的祖父、父亲因参与高宗时期的"废后事件"而被武则天处死，上官婉儿十四岁的时候被武则天召见，武则天爱惜她的才华，就将她留在了宫中，掌管诏命。《新唐书》中记载："（婉儿）天性韶警，善文章。年十四，武则天召见，有所制作，若素构。自通天以来，内掌诏命，掞丽可观。尝忤旨当诛，后惜其才，止黥而不杀也。然群臣奏议及天下事皆与之。"

上官婉儿从十四岁开始就侍奉在武则天身边，被委以重任。即便是曾经由于忤逆武则天犯下了死罪，武则天也没有忍心杀她，而是以"黥面"作为惩罚。《资治通鉴》中形容上官婉儿"自圣历以后，百司表奏，多令参决"。可见，到了武则天统治后期，上官婉儿不仅掌管群臣奏议，甚至掌握着军国大事的生杀大权。

武则天统治时期任用的女官群体在历史上是非常特殊的，她让一批才华卓著的女性参与政事，可谓巾帼不让须眉。

┌─ **上官婉儿** ─────────┐
（664—710 年），陕州陕县（今河南省三门峡市陕州区）人，宰相上官仪的孙女，唐朝女官、诗人。自幼聪慧，精通诗词，为武则天所信任和重用，任内舍人。
└──────────────────────┘

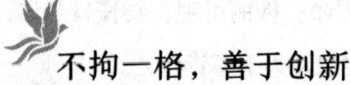

不拘一格，善于创新

武则天临朝称制之后，发布了征召女官的政令。征召女官，一方面便于在内廷处理政务，另一方面也提高了女性的社会地位，体现了武则天不拘一格的帝王风范。

武则天善于创新的精神不仅体现在征召女官上，也体现在她的整个执政过程中。武则天的这种不拘一格、善于创新的精神，是我们当代人需要学习的。

在当代这个快速发展的时代，无论是哪一个行业，都在呼唤新的思维，如果总是故步自封、裹足不前，就会导致落后并最终被淘汰。所以，无论是在学习中还是在职场上，我们都不能一味循规蹈矩，而应尝试着打破陈规，培养创新思维，在奔赴梦想的路上勇于探索，敢于尝试，一步步实现目标。

慧眼识人，为我所用

武则天统治时期任用的女官，很多都是她平日里关注的人。一些士大夫家学渊源，他们的夫人往往出身名门，从小受过良好的家庭教育，无论是人品、学识都十分出众。武则天慧眼识人，在合适的时机将这些才女为己所用，可见武则天非凡的识人用人之术。

武则天识人用人的智慧可以说对后世的人才选拔具有重要的启示。在竞争激烈的当代社会，人才是社会和企业发展的重要因素，拥有了人才也就拥有了发展的内在驱动力。所以，无论是企业领导还是职场人士，都要具有识人之道。

作为领导者，首先要有敏锐的洞察力，善于捕捉每个员工的特点和才能。其次，要摒弃偏见，有开阔的眼界，不以对方的年龄、身份、学历等作为衡量其能力的绝对标准，更应该看重对方在实际工作中的能力，唯才是举。最后，还应该有人才培养和人才储备的意识，可以安排一些才华出众的员工帮助年轻人提升能力，掌握专业技能。有了充足的人才储备才能在关键时刻应对人才短缺的困境，这对于企业和团队来讲具有深远意义。

君臣的相处之道

　　武则天治国有自己独到的心得，在与臣下的相处之道上，她常常会针对不同的臣子采取不同的相处策略。武则天的朝堂之上，臣下大体可以分为四类。

　　第一类是国家的栋梁之臣，武则天对这些人的态度是倚重。

　　这些臣子大多品行端正，官声才名都很好，他们在不同的职位上发挥着重要作用。比如文武兼备的娄师德，为宰相时能安邦定国，作为将帅时能带领军队抵御外来民族的侵扰，他一生勤恳忠诚、性格隐忍、心胸坦荡，武则天对其敬重有加。又如狄仁杰，在地方为官时百姓对他的评价非常好，入朝为相后武则天遇到不能决断的事情时，大多与狄仁杰商议对策，二人虽为君臣，但武则天对狄仁杰并没有高高在上的傲慢之态，多是虚心求教，狄仁杰总是从国家利益出发为武则天出谋划策，顺利化解一些难题。武则天器重狄仁杰，尊称他为"阁老"，并且特许他入朝时可以免去跪拜之礼，可见武则天对于国家栋梁的倚重、敬重。

第二类是李武集团的臣下，武则天对这类人的态度是制衡。

所谓制衡就是运用驭臣之术，保持一种平衡。武则天称帝时遭到李氏宗族内多人的反对甚至反叛，所以对于李氏集团采取了打压的手段，将不同的声音镇压了下去，与此同时她又不能完全摒弃李氏集团，毕竟自己的江山原本是李氏家族的，所以她在排除异己的同时也要合理任用李氏家族中的成员。而对于武氏集团，由于他们是武则天的亲戚，在武则天称帝之路上贡献颇多，所以武则天对他们大多委以重任，如武承嗣、武三思等人不仅封王，还在朝廷担任诸多要职。但是随着时间的推移，武则天也发觉了武氏集团对于皇位的渴望，如果朝廷大权完全掌握在武氏家族手中，同样是不稳定因素，所以她会在恰当的时机削弱武氏集团的权力，让李武两家保持一种平衡，这样才能让朝廷稳定，国家安宁。

第三类臣下是武则天在称帝之前重点培养的酷吏，她对这类人的态度是利用加提防。

酷吏的作用是帮助武则天扫除称帝之路上的障碍，在武则天称帝前后确实发挥了非常重要的作用。但是这类人的人品、素质低下，罗织罪名、迫害贤臣是他们的生存之道，当武周王朝建立以后，国家各个层面逐渐步入正轨，武则天开始对酷吏进行提防、清理，因为他们的存在会让原本正常的朝政陷入混乱。酷吏的利用价值基本消耗殆尽，这就导致武则天对酷吏的态度发生了转变。武则天称帝之后的几年间，索元礼、周兴、侯思止、来俊臣等酷吏先后被流放和诛杀，此后发生的冤假错案大幅减少，刑狱系统恢复到了正常的状态。

第四类臣下则是武周王朝比较特殊的存在，他们是武则天的宠臣，武则天对他们的态度是宠信、宽容。

能够称得上宠臣的人数量不多，最有代表性的当数薛怀义和"二张兄弟"。薛怀义本名冯小宝，是由千金公主引荐给武则天的，武则天对其非常宠信，薛怀义从此平步青云，在武则天临朝以后参与了众多重大事件，如修建明堂、天堂，注解《大云经》为武则天称帝造势，武则天还曾派他到边境与突厥作战，为武则天立下了汗马功劳，武周建立后被封为正三品左威卫大将军。可惜薛怀义后来骄横跋扈，并且厌倦进宫见武则天。直到火烧明堂之后，武则天下令将其处死。薛怀义的结局完全是咎由自取，武则天前期对其宠信有加，甚至有些纵容，但当他不想再被武则天限制之后，武则天则不再允许他胡作非为。

"二张兄弟"是武则天称帝之后最著名的宠臣，他们是张易之、张昌宗，原本这两个人的主要职责是服侍女皇，后来逐渐成为武则天的办事人、传话人，进而干预朝政，逐渐掌握了朝廷大权。"二张兄弟"为了树立自己的权威，在朝廷内排斥异己，凡是与自己作对的都要进行迫害，他们一起谋划了莫须有的"魏元忠谋反案"，但最终并没有达到目的，由于武则天的庇护，二张也没有被治罪。后来张昌宗卷入贪污案中，同样在女皇的斡旋下不了了之。由于武则天的宠信、纵容"二张兄弟"又做出了诸多扰乱朝政的事件，这让武则天与儿子、大臣之间的关系逐渐变得紧张，为后来的"神龙政变"埋下了伏笔。

　　武则天的朝廷里有各种各样的臣子, 根据不同的臣子, 武则天采取了不同的相处方式, 采用弹性的方式来处理人际关系。她的用人策略保证了国家的稳定, 也将古代帝王的驭人之术体现得淋漓尽致。

王孝杰

　　(? —697 年), 京兆郡新丰县 (今陕西省西安市临潼区) 人, 唐朝和武周时期的名将。历任威道总管、清边道行军总管等。曾讨伐吐蕃, 攻打突厥, 四处征战。

宽严有度，恰当处理人际关系

武则天针对朝堂里的不同臣子，采用了不同的态度和相处方式。对于那些攀附、谄媚的臣子，她展现出了皇帝的威严，既要利用这类人，又要对他们有所限制。对于那些一心为国、德才兼备的大臣，武则天对他们比较宽厚，同时留给这些人很大的自由空间，让他们充分发挥自己的才能。武则天处理人际关系宽严有度，值得当代的领导和管理者效仿。

在团队或集体当中，形形色色的人各有不同。在才能方面，有的人可能能力很强，但道德素养不高；有的人也许素质很高，但能力又一般。在性格方面，有的人天生敏感，不易相处；有的人则神经大条，不关注细节。

面对复杂的人际关系，管理者需要采取不同的相处策略。一方面要善于调动团队成员的才能，实现人才资源的最优配置，但要对道德素质不高的人进行相对严格的管理，经常鞭策警醒，以免他们犯错误。而对于那些比较敏感、心理承受能力不强的人就要尽量关注他们的感受，在工作和生活上对他们多进行鼓励。采用不同的策略处理人际关系，是作为管理者应该掌握的用人智慧。

不可任人唯亲，需防微杜渐

武则天的用人策略整体上是比较成功的，她统治的二十多年间，大唐、武周都保持了国家的稳定、社会的繁荣。但是，武则天在晚年犯了一个严重的错误，就是过于宠信二张兄弟，后来二张乱政成为武周覆灭的导火索，一代女皇就此落幕。

这一事件对于当代人同样具有警醒作用，尤其对于领导来说。作为领导者，要始终秉持一颗公平公正之心，以对方的才能和人品作为是否委以重任的重要标准，要任人唯贤，切不可任人唯亲。那些通过攀附、谄媚而上位的人，自身一定存在各种各样的缺陷，如果领导者不加详察，就会埋下不可预知的隐患。千里之堤，溃于蚁穴，一旦放任不管，小的问题积攒多了会演变成不可控的大问题。因而，居安思危、防微杜渐是当代人应该具备的基本素质。

兰俎既升，苹羞可荐。金石载设，咸英已变。林泽斯总，山川是遍。敢用敷诚，实惟忘倦。（武则天唐大飨拜洛乐章·敬和）

第八章

女皇落幕：无字丰碑，留与世人说

武则天的一生是波澜壮阔的，是充满权谋、智慧与争议的。最终，传奇的一生化作一座无字丰碑，留与世人说。

　　叱咤风云大半生的武则天，终于走到了人生的暮年，她代唐立周，将满腔政治理想付诸实践，开创了一个中国历史上绝无仅有的"女皇"时代。只是晚年倦政，李氏皇室成员趁机发起神龙政变，女强人在残酷的现实面前也不得不选择妥协，退位归养。虽然属于女皇的时代落幕了，但女皇的人生传奇依旧在世间流传，是非功过任由世人评说。

神龙政变，必要时也要妥协

武则天人生的字典里，从未有过"输"这个字，她始终相信自己能掌握乾坤。一路走来，她拿出男人的气魄，杀伐决断，搅动大唐风云不说，还让无数男儿匍匐在她威严的权势下，以少有的大魄力改天换日，代唐立周。

谁曾想，晚年的立嗣问题却让这位政治女强人陷入了迷茫之中。

侄儿武承嗣对武周的帝位觊觎已久，早就蠢蠢欲动，后来在大臣狄仁杰的劝说下，武则天猛然间清醒了过来，她虽然表面上并没有太多的表示，但情感的天平却又重新向李氏皇室倾斜。

晚年的武则天，在私生活上比较混乱。她先是宠信薛怀义。薛怀义生得仪表堂堂，他通过唐高祖女儿千金公主的推荐得到了武则天的赏识，由此平步青云，一路做到了左威卫大将军，封梁国公。

　　仗着武则天的宠幸，薛怀义在京城内嚣张跋扈，目空一切，凡是和他作对的人，他总会睚眦必报，不择手段地报复对方，群臣对薛怀义又恨又怕，不过很快，薛怀义就因为他的狂妄付出了沉重的代价。

　　证圣元年（695年）正月十五，上元佳节这天，薛怀义为讨取武则天的欢心，将一尊高大的佛像事先埋在挖好的深坑里，还用牛血绘制了一幅二尺高的大佛，等到武则天前来明堂参观时，薛怀义将这一切展示给武则天看，希望能够得到武则天的褒奖。

　　哪知道武则天看了这一切之后，只是淡淡地一笑而过，其他什么也没多说。内心敏感的薛怀义认为受到了武则天的冷落，正月十六晚上，一怒之下的他竟一把火烧了富丽堂皇的明堂，熊熊大火照耀得神都洛阳如白昼一般。

　　武则天得知消息后勃然大怒，痛定思痛之后，她知道这个自己先前宠信的人已经彻底失控，两人之间的情分也因明堂被烧而宣告终结。最终，薛怀义被武则天铲除。

　　薛怀义死后，太平公主为武则天献上了张昌宗、张易之兄弟。张昌宗、张易之两人不仅容貌出众，而且自幼受过良好的家教，熟悉音律，于是很快得到了武则天的宠信。

　　武则天信任张昌宗兄弟，不单单是为了填补精神上的空虚，更为重要的是，她希望借助"二张"之手，来调和平衡李唐皇室与武氏家族之间微妙的关系。为了行事方便，武则天还将张昌宗提升为云麾将军，张易之担任司卫少卿的职位。

　　武氏家族的成员自然也揣摩到了武则天的心思，他们赶快和

"二张"搞好关系，双方同流合污，沆瀣一气，成了武则天打压李唐皇室的一支重要政治力量。

"二张"和武氏家族勾结到了一起，他们打着武则天的旗号，四处兴风作浪，权势滔天，这也让李唐皇室成员从中感受到了强烈的生存危机，于是要设法将二人除掉。

张昌宗、张易之兄弟二人的嗅觉也非常灵敏，为了先一步扳倒李唐皇室成员，兄弟二人恶人先告状，在武则天面前搬弄是非，说李唐皇室出现了不安分的苗头，希望陛下防范戒备。

武则天听信了他们兄弟二人的谗言，于是找来李显对质，李显得知事情的原委后，不由得吓出了一身冷汗，为了自保，他只得将被"二张"指控的儿子李重润和女儿永泰郡主逼死。这一个回合的较量，李唐势力遭受了较为沉重的打击。

只是令张昌宗兄弟想不到的是，在这次权力的争斗中，他们表面上取得了胜利，但实际上却丧失了人心。随着李重润等人的死讯传开，朝野上下对张氏兄弟表现出强烈的不满情绪，那些忠于李唐皇室成员的大臣们决定挺身抗争。在这些大臣中间，宋璟是坚决支持李唐一系的重要代表人物，他联合其他大臣发起向张氏兄弟的反击。

张氏兄弟也察觉到了一丝危险的信号，和上次对付李显的方式一样，两人又在武则天面前进谗言，说是宰相魏元忠私下里说武则天年纪太大了，没有几天的活头了，识时务者为俊杰，所以还是要早一点跟随太子李显，等武则天百年之后，上位的李显肯定不会亏待他们。

武则天听信了张氏兄弟的挑拨，越发多疑敏感，她最忌讳别人议论自己年老的话题，一肚子怒火的她就找来魏元忠质问，魏元忠自然矢口否认，说从来不敢讲这些大逆不道的话题，一定是张氏兄弟的污蔑。

张氏兄弟胸有成竹，他们说魏元忠不承认没关系，两人有证人可以证明。张氏兄弟口中的证人名叫张说，张说是一个软骨头，朝臣们深知他在张氏兄弟的威逼利诱下，肯定会出面指证魏元忠，到时一旦被武则天认定证据确凿，李唐势力必然会再次迎来痛击。

为了稳住张说，宋璟出面告诫张说不要错估了形势，为了他自身的前程和子孙后代着想，一定要据实上奏，不要被张氏兄弟轻易利用。

张说听了宋璟的话语，低头不语，一边是不能得罪的张氏兄弟，另一边是出言警告的李唐派系，在一番权衡下，张说决定站队李唐派系，因此他在面见武则天时，一口咬定魏元忠从未说过类似的话语，这一切都是张氏兄弟诬告所致。

感觉被戏弄的武则天勃然大怒，《则天实录》中记载说，武则天当着众大臣的面，直接斥责张说"是个反复小人"，一怒之下，她不仅将张说发配岭南，连带宰相魏元忠也被罢了官。

魏元忠是李唐势力的核心人物，他的被贬令李唐一派一片哗然，再加上在事件的整个处理过程中，武则天有明显的偏袒行为，很多心怀大唐的人士都对这位女皇帝处理问题的方式表达不满，一个个上书请求武则天改变主意，在朝野上下形成了一股强大的舆论压力。

对于李唐势力的所作所为，武则天心知肚明，他们无非想要恢复李氏江山。为了对抗这股暗流涌动的势力，武则天决心支持张氏兄弟到底，让他们作为自己权力意志的代言人，冲在第一线和对方斗法。

原本是一件可大可小的诬告事件，在武则天刻意为之下，上升到了朝堂两大派系你死我活的斗争。双方其实心里都清楚，他们之间的矛盾已经到了无法调和的地步，必须有一方彻底倒下为止。

依仗武则天的偏袒，张氏兄弟有恃无恐，李唐派系一看只能剑走偏锋，私下里散布张氏兄弟密谋造反的小道消息。

武则天自然不会相信两人有谋逆的心思，不过是真是假，需要走一遍审问的流程，这一次，终于让宋璟抓到了把柄。

武则天也知道宋璟不会轻易放过张氏兄弟，她下旨想要将他调往外地，但都被宋璟以合理的理由婉拒，最后武则天只得妥协，不过特意下了一道旨意，宣布特赦张氏兄弟。

这一次，李唐一派彻底清醒，武则天手握皇权，仅凭"文斗"毫无胜算，必须用武力才能改变局势。

说干就干，事不宜迟，神龙元年正月（705年），张柬之、崔玄暐、桓彦范等人率领五百羽林军，征得太子李显的同意，领兵闯入武则天的寝宫，将张氏兄弟诛杀。

外面的喊杀声惊动了武则天，年老体衰的她看到大批将士带刀蜂拥而入，又发现太子李显也被众人簇拥着走了进来，她很快就明白了当前的局势，没有过多的犹豫，当即同意了众人提出的让李显上位的要求，自己则选择还政退位。

神龙政变次日，武则天颁布诏书，命太子李显为监国，大赦天下。第三天，武则天被迫传位给太子李显。第四天，李显正式复位。武周宣告结束，李唐复立。

> **宋璟**
>
> （663—737 年），邢州南和（今河北省邢台市南和区阎里乡宋台）人，唐代大臣、政治家、文学家。为官期间执法严明，不惧权贵，随才授任，使百官称职，为武则天所重用。开元二十五年（737 年）逝世，谥号"文贞"。

不偏不倚，做好平衡才能稳定

　　晚年的武则天，在权力的分配和交接上，出现了较大的问题，在薛怀义死后，她宠信张昌宗、张易之兄弟，使得权力太过于集中在少数人的手中，由此引发了朝政的混乱，李唐皇室成员在忍无可忍的情况下，只得以政变逼宫的方式，迫使武则天交权退位，武周时代从此退出了历史的舞台。

　　武则天晚年的做法，给世人留下了一定的经验教训。大到一个国家，小到一级组织，在进行组织管理时，一定要做到不偏不倚。

　　具体而言，一是要合理分配权力，构建决策权、执行权、监督权三位一体的权力运行体系，在相互配合中又能相互制约，彼此监督，确保管理工作平稳有序。二是要切实做好相关的利益分配工作，统筹协调，兼顾平衡，尤其是对骨干和优秀人员，应主动给予他们与其贡献相匹配的福利待遇，只有不偏不倚、公正客观，才能更好地开展管理工作。

应对复杂局面，要懂得妥协、变通和回旋

　　作为一代女皇，武则天无疑具备高超的政治手腕与政治智慧，是中国历史上少有的具备大略雄才的女强人，她有男儿的胸襟和气魄，有治国理政的卓越才能。然而，到了晚年时，因为权力交接的问题，在神龙政变中武则天遭遇了被逼宫、胁迫的困境，在复杂棘手的局面下，冷静下来的武则天很快做出了妥协：退位交权，还政李唐。必要时的退让，避免了一场更大的流血冲突，双方也都能以体面的方式收场。

　　现实生活也是如此，在面对复杂艰巨的挑战或棘手难解的问题时，也应懂得在必要时妥协的道理，尽量避免硬拼的极端方式，那样做很容易造成两败俱伤的结果。当然，妥协并不意味着我们彻底低头认输，只是换了一种更为温和的方式来解决问题，这条路既然走不通，不妨重新换一个方向，这叫变通。即使是针锋相对、剑拔弩张，也不要轻易"掀桌子"，保留继续沟通的渠道，始终让自己有回旋的余地与空间，以让自己冷静思考，从容布置。

遗诏里的大智慧

神龙政变后李唐复立，武则天搬离皇宫，迁居上阳宫。

武则天退位了，但一代女皇的传奇并没有结束，抛却其他因素不谈，在唐帝国的臣民眼中，包括新上位的中宗李显在内，武则天依然是那个在治国理政方面具有高超手腕的好皇帝，她的威严不容置疑。

有一则小故事充分说明了武则天在朝野上下无可匹敌的人格魅力。当武则天迁居上阳宫时，李显带领众多官员送行，姚崇走着走着，突然想起武则天在位时各种卓然不凡的政绩，如今却黯然下野，不由得悲从中来，两行热泪从眼角滑落。

姚崇是性情中人，一开始是小声饮泣，慢慢地越哭声音越大，到了放声大哭、不能自已的地步。

随行的官员们纷纷侧目而视，有人提醒他要注意场合，现在的天子是李显，这样做似乎不太好，万一李显怀恨在心，无疑是为自己惹麻烦。

姚崇却毫不在意，他堂堂正正地回复对方，说他哭的是君臣大义，没有避嫌的必要，如果因此招致祸端，他无怨无悔。

姚崇后来成为唐玄宗时期的一代名相，为人正直，他此时此刻的真情流露，恰恰说明在治国理政方面，武则天的所作所为是深得人心的，她在臣民中拥有强大的影响力。

退位后的武则天就在上阳宫住了下来，在历朝历代，无论是主动或被动退位的皇帝，晚年的生活都不是太舒畅，毕竟从九五之尊的云端跌落，新即位的皇帝又对老皇帝的存在不是太放心，因此免不了处处受羁绊牵制，难免心情压抑。

武则天却是一个例外，从中宗李显的角度看，他的这位看似已经步入风烛残年的老母亲，身上依旧有着不容侵犯的神圣光环，他对待武则天始终秉持恭敬谨慎的态度，甚至为了讨取武则天的欢心，他提议给武则天上"则天大圣皇帝"的尊号，以突出这位传奇女皇帝至高无上的地位。

从朝野的派系力量上看，武则天虽然退位了，但以她为首的武氏家族，包括自己的女儿太平公主在内，在朝中依然拥有强大的势力，成了制衡李显的一支重要力量，这让退居上阳宫的武则天依旧可以通过遥控武氏家族来维系她"退而不倒"的帝王尊严，同时让朝局处于一种非常微妙的平衡状态，充分显示了她高明的政治智慧。

也许是人到暮年时看开了一切，看淡了所有；也许是心有所愧，当年为了上位而狠下心肠，做错了很多事；更或许是她想得到大家的原谅，希望人们能够在她即将走到生命尽头时，忘掉她曾经的种种不好，将恩恩怨怨、是是非非一笔勾销。不论出于哪种原因，武则天还是勇敢地走出了第一步，她在上阳宫中颁布了一条政令，将当年用残忍手段杀死的王皇后和萧淑妃两人的后代，全部赦免。

晚年的武则天，深深为当年意气用事的行为而自责，为了登上皇后的宝座，她残忍地处死了王皇后和萧淑妃，内心里一直背着一把沉重的枷锁。

等到暮年时，武则天才发现所有的功名利禄、富贵荣华，其实都是人生的一场梦幻罢了，起起落落、荣辱得失她看得多了，厌倦了，也释怀了。等到大梦初醒，一切都归于平淡时，武则天才真正体味到生命的本真，她愿意选择放下，放下一切仇恨争斗，为自己赎罪，只为求得心灵的恬淡与安宁。

赦免了王皇后和萧淑妃的后代后，武则天又想起了褚遂良、韩瑗这些铁骨铮铮的朝中老臣，当年大家站在各自的立场争得你死我活，究竟是谁对谁错呢？错与对很难有一个清晰明确的标准，立场不同，目标不一，看法各异，应该说站在各自的角度，没有绝对的对与错。

斯人已逝，从做人来看，褚遂良他们没有错；从臣子的角度看，他们尽到了人臣的本分，以磊落光明书写了忠臣的本色。换位思考，武则天何尝不想她手下的臣子们都像褚遂良他们这样呢？为国事操劳，尽职尽责，纵观大唐和她所开创的武周王朝，倘若满朝文武都如褚遂良他们一样，何愁国家的兴旺繁荣呢？

一念至此，武则天在赦免王皇后、萧淑妃之后，也宽恕了褚遂良等人的罪行。她的大度和勇于认错的态度行为，赢得了朝野上下的一片赞誉之声。

时间在悄然流逝，退位之后的武则天，明显地感到自己衰老了，衰老的速度甚至超出她的想象，如果说在未退位之前她还能勉强支撑处理政务的话，退位之后失去了强大精神支柱的她，在短短的数月时间里就已经衰老不堪了，缠绵病榻的她想起了无数往事，也想到了自己的身后事。

眼看着自己已经病入膏肓，回天无力，武则天开始着手安排身后事。《旧唐书·则天皇后本纪》中记载了她的遗诏，上面写有"祔庙，归陵，令去帝号，称则天大圣皇后"的话语，寥寥几语，却是武则天真实心境的外在折射。

当她还是春秋鼎盛时，有掌控一切的信心，甚而一把将李唐推开，建立武周以代之；她身为女皇时，发号施令通行天下，四海黎民为之低眉垂首。然而，在行将就木之时，她的内心深处却涌现出无限悲凉。她毕竟是一位身处封建王朝的女性，她的身份标签、一步步攀登权力顶峰的过程，以及百年之后的归宿，这一切的背后都有高宗李治的影子，在处处都是男人的朝堂上，她是孤独的，表面上她是则天大帝，但在深层次里，她还是高宗的妻子，大唐王朝的皇后。或者说，则天皇后才是最为符合她身份的恰当尊号，和则天大圣皇帝的称号相比，皇后的称呼更具温情，更显温婉，如果不是时势的推动，她情愿做一个温温柔柔的女子，成为站在高宗背后的女人。

如今一切都回到了原点，武则天愿意以高宗皇后的身份下葬，和高宗合葬一处，生则同衾，死则同穴，一尽夫妻之缘分。其实从武则天更为长远的打算来看，也只有这样，她才能真正地被李唐王朝所接纳，在儿子李显眼里，她还是他的母后，而不是大周王朝的女皇，不是那个曾经让李唐皇室谈之色变的政治女强人。

在即将撒手人寰的最后时刻，武则天留下了一份看似简单的遗嘱，却将她高人一等的政治智慧发挥得淋漓尽致，也保证了她在整个李唐王朝存续期间，永不会被后世子孙所清算。

神龙元年农历十一月二十六日（705 年 12 月 16 日），上阳宫中寒风瑟瑟，阴云低垂，一代女皇武则天于当日病死，年八十有二。

李显很好地遵守了武则天的遗愿，将她和高宗李治合葬在乾陵之中，一个曾属于武则天的武周时代就这样在历史的长河中落下了帷幕。

张柬之

（625—706 年），字孟将，襄州襄阳（今属湖北）人。涉猎经史，进士及第后任清源县丞。永昌元年（689 年），以贤良征召，擢为监察御史。后任宰相。神龙元年（705 年），乘武则天得病，发动了政变，杀张昌宗、张易之，恢复唐朝国号。

学会放下，与自己和解

神龙政变后，退位的武则天有了更多的时间去思考她这一生的所作所为。尤其是二次进入皇宫后，为了能独得专宠，登上皇后的宝座，她也曾对王皇后、萧淑妃她们下过狠手。为了独揽朝纲，她还和高宗李治联手，将关陇势力彻底瓦解，惩处了一大批忠良之士。时过境迁，走到人生暮年的武则天重新审视自我时，选择了放下和释怀，抛却恩怨是非，和自己和解。

学会放下，是人生的大智慧，唯有如此，才能真正获得内心的自由和宁静，找回真实的自我。

首先，抽出一定的时间，或者给自己一个独处的空间多去反思自我，梳理寻找自身存在的优缺点，为人处世方面的不足之处等，做到更深入地了解自我。过去那些说错的话、做错的事不要太纠结自责，选择原谅自己。二是勇于面对现实，停止自我比较，敢于去接纳自身的不完美，然后放下沉重的思想包袱，收拾心情继续出发。

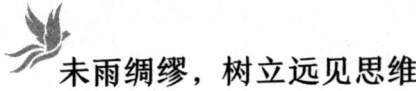
未雨绸缪，树立远见思维

武则天临终前，留下的遗嘱充满了大智慧。在她叱咤风云的一生中，她找到了让自己充分发光的舞台，也开创了一个赫赫辉煌的武周时代，文治武功丝毫不输那些傲睨万物的男性开国帝王。然而，在人生的最后关头，她果断地去除帝号，要求以皇后的身份和高宗李治合葬，以妻子的角色重回李唐皇室谱系，这样她就能确保自己身后不被清算，不留骂名，不落把柄，最大限度地维护武氏家族的利益，避免更大的政治动荡。

未雨绸缪，显然是藏在一代女皇遗嘱里的人生大智慧。做事要有预见性和前瞻性，才能提前规避一些不必要的风险和祸患，因此我们要培养远见的思维。

一是要有清醒的自我认知和目标设定，了解自身的优势和劣势，有清晰明确的发展方向，不跟风，不迷茫，不偏离良性的轨道。二是要多阅读，多学习，多理解，不断提升个人视野，以让自己在丰富的阅历沉淀基础上站在更高的纬度看问题，做到透过现象看本质，更好地把握人生发展的路径。

一代女皇，光耀千秋

武则天，一个传奇的名字，传奇背后是中国历史上一位伟大女性无法复制的神话。当我们回首千年遥望盛唐的繁华时光时，大度雍容、自由奔放、如沧海般恢宏大气的王朝，令人印象深刻，而在其中，一代女皇武则天为盛唐的华丽铺染了一抹亮丽的色彩。

武则天能垂名青史、光耀千秋，首先在于她能够以一名弱女子之身登临九五之尊，推动和造就了中国古代封建王朝中少有的盛唐景象。

唐王朝建立之初，也是外忧内患，外部有突厥势力虎视眈眈，内部需要平定各地的叛乱，在隋王朝的废墟上重新建设一个新的帝国。

经过李渊、李世民、李治祖孙三代持续不懈的治理，大唐帝国的社会经济逐步走上了良性的轨道，而将唐帝国国力又向上助推了一把的关键人物，正是女皇武则天。

初登皇后宝座时，武则天借助高宗之手，将根深叶茂的关陇势力一举瓦解，结束了从北魏以来长达一百多年由关陇贵族把控朝政的局面；在唐太宗李世民通过科举考试大力提拔寒门士族的基础上，武则天进一步加大了吸纳社会各阶层人才的力度，让更多优秀的人才为她所用，比如狄仁杰、姚崇、宋璟等大唐干臣能吏，都是在她当政时期发掘或提拔重用的。

殿试制度是武则天在位时首创的。科举考试中高中进士的读书人，最后还要接受武则天的亲自面试，做好最后一道把关工作，殿试制度自从武则天手中诞生之后，成了后世封建王朝统治者相继沿用的惯例。

南选制度也是武则天的独创。当时的岭南地区因为地理位置的原因，发展一直比较落后，为了选拔出真正有才能的官员去治理岭南，武则天别出心裁地搞出了南选制度，一大批德才兼备的官吏被派往岭南地区，不仅有力地促进了当地社会经济的开发建设，还有助于朝廷加强对边远地区的有效控制。

不论出身，善于挖掘使用人才，这一做法极大地增强了社会活力，对大唐王朝的繁荣兴盛乃至后面唐玄宗"开元盛世"局面的形成，都起到了很好的铺垫推动作用。

国家治理上，一介女流的武则天颇有治国理政的能力。她在位期间，非常注重农业经济的发展，在"以农立国"的封建社会，农业的稳定和发展是社会经济繁荣昌盛的根本，武则天也深深意识到了农桑垦田的积极意义，多次出台"劝农桑，薄赋役"的社会政策，一方面劝人务农，另一方面着手减轻民众身上的负担，降低或减免赋税的征收，遇到因土地兼并而逃亡的民众，她也尽量采取宽容的方式对待，允许关中地区失地的民众迁居到地广人稀的区域去。

武则天还特别注重加强吏治方面的工作，为了有效监督各级各类官员，她在位期间不断着手强化御史台的功能。御史台的御史，手握监督、弹劾大权，对那些违法渎职的官员，可以直接向武则天上奏，这一起到强有力的监督、纠察功能的机构的存在，有效约束了各级官吏们的言行举止，使他们不敢轻易滥施职权。

值得一提的是，即使是普通百姓，也可以越级上告，当他们被贪官污吏欺压时，能通过铜匦将上告的信息直接传递到武则天手中。

铜匦类似于后世的举报箱，女皇的亲信人员在收集了各类举报信件后，会第一时间分门别类地进行归纳整理，然后向武则天详细汇报，畅通的下情上达渠道，对官员起到了良好的震慑作用。

在加大对各级官吏监督、惩处工作的同时，武则天也将对那些廉洁奉公、政绩卓异官员的考核、提拔、奖励等工作，放在了重要的位置。

武则天时期，地方上的州县官员是否合格称职，有硬性的考核标准，其中主要包括人口数量的增长、农业生产发展的情况、地方的治安状况、赋税的征收工作等。每隔一段时期，相关的考核人员就会对照标准逐一严格审验，分列劣等、合格、优秀、卓异几个级别，该升职升职，该降职降职，能力特别低下者给予免职惩处。

正是在武则天卓有成效的治理下，农业、手工业和商业都得到了长足发展。根据相关史料统计，武则天时期全国人口的数量，从高宗初年的 380 万户左右，增加到 615 万户左右。人口数量的快速增长，从侧面充分证明了武则天在治国理政方面是值得肯定的。

在稳定边疆局势方面，武则天的政绩也可圈可点，她在位期间持续用兵，让安西四镇的管理机构得到有效恢复，为了能让唐帝国对边境地区形成长期稳定的全面控制，武则天还积极在青海、武威、五原等地推广屯田工作，成效显著。

武则天时期经济发展状况良好，文化事业也比较繁荣，重视文化建设事宜的她，鼓励读书人多创作优秀的诗词等文学作品，骆宾王、宋之问、沈佺期、陈子昂等一大批著名诗人，都在这一时期涌现出来。

武则天是中国古代优秀女性政治家的杰出代表，她刚强机智，有谋略有胆量有勇气，生前身后留下无数供人谈资的传奇。她能青史留名的原因，除高超的治国理政手腕外，还在于她从不屈服于命运的摆布，敢于抗争，能果断抓住每一次来之不易的机遇，于起起伏伏的人生曲折中铸就了生命的辉煌。

少女时期的武则天，父亲突然离世，给她的家庭带来了沉重的打击，面对同父异母两位哥哥的欺凌，勇敢机敏的武则天成为寡居的母亲和姐妹们的精神依靠，业余时间她积极读书认字，温习礼仪文化，她相信一切的努力都会开花结果。

而当她得知长安皇宫选取秀女的消息时，为了能抓住改变命运的机会，武则天在深思熟虑后毅然做出了入宫的决定，从她踏入皇宫的那一天起，武则天人生传奇的大幕就已经悄然拉开。

武则天的大半生，都和宫廷政治和王朝治理有关。她在复杂的内宫争斗中，展现出高超的斗争智慧，能屈能伸，时机不利时就选择蛰伏，时机成熟时就一飞冲天，所以她虽然在唐太宗死后被送到宫外寺庙修行，然而很快就能重新走入高宗的视线，东山再起，继而一步步成功摘走皇后的桂冠。

高宗死后，武则天为了能实现自己的政治理想和抱负，将自己的治国理念付诸实施，全面筹划，成功登顶，立周代唐，开创了空前绝后的女皇统治的"武周时代"。在位期间她励精图治，选贤任能，夙兴夜寐，开疆拓土，取得了较好的社会治理效果。

每个人都逃脱不了时间无声的雕刻，即使是一代女皇，在时间面前也是无可奈何的。暮年的她逐渐走向衰老，尤其是神龙政变后，身体原本就虚弱不堪的武则天以肉眼可见的速度进一步衰朽下去，不到一年的光景，这位中国封建王朝史上最富传奇色彩的女政治家，走到了人生的终点。

在武则天和高宗李治合葬的乾陵前面，耸立着一座无字石碑，她所有的功过是非任人想象发挥，只要她来过，努力过，奋斗过，轰轰烈烈活出了精彩的自我，她就无怨无悔，武则天以这样的方式向世人宣告她辉煌的过往：她曾母仪天下，她是则天大帝，还是华夏史上独一无二、吞天换日的一代女皇。

乾陵武则天无字碑

目标明确，行动果敢，培养领导力

作为一介女流，武则天不仅成功坐上了皇帝的宝座，还将一个偌大的帝国治理得井井有条，无论是加强吏治，选贤任能，发展农业生产，还是对外开疆拓土，维护边疆地区的稳定等，这位中国历史上唯一的女皇帝不仅做到了，还做得非常好。其中的原因就在于她目标明确，魄力足，执行力强，敢于在帝国范围内推行她的政治主张，以实现"经济发展，政治清明"的目标追求。

在实际管理工作中，领导力是管理者必须拥有的一项非常重要的素质修养，而培养个人的领导力，需要从这样几个方面入手：

一是要敢于承担风险和责任，作为管理者通常是决策先行，有时候面对不确定的目标任务，或许会有潜在的决策失误风险，需要承担一定的领导责任，如果畏首畏尾，缺乏责任感和担当精神，就难以大胆决策。二是高效的执行力，定下的事情执行或推动起来雷厉风行，做事敢于打破常规思维的束缚，有承受压力和责任的强大心理韧性。三是坦诚且高效地沟通，对待上级、下属能做到不卑不亢，坦荡无私，认认真真、踏踏实实勤勉做人。

把握机遇，敢于向命运发起挑战

　　一代女皇的一生，其实是一部励志传奇史，她年仅十几岁时选秀入宫，后又在太宗皇帝死后落发感业寺，人生几乎陷入巨大的绝境无力自拔，但她并没有屈从于命运大手的摆布，反而是勇敢地挺身抗争，积极努力地寻求破局之路。二次入宫后的她牢牢把握住每一次重大机遇，从武昭仪一路华丽转身，成为母仪天下的皇后，和高宗李治一起处理国政。等到高宗去世后，武则天为了更为宏大的目标理想，代唐立周，以无畏的魄力和高超的政治智慧，成就了一代女皇的辉煌。

　　人生是一个不断前行、勇攀高峰的奋斗历程，如果一遇到事情就胆怯退缩，缺乏一往无前的勇气，那么就很难做出一番轰轰烈烈的大事业来。真正的强者，从来不会抱怨命运的不公，在逆境面前，他们首先会将眼前的困难当作自我磨砺的大好机会，直面现实，坦然面对挫折和打击，然后静下心来，从失败中汲取宝贵的经验教训，改正自身以往的种种缺点与不足，重新振作，积极寻找走出困境的那把钥匙，以求一飞冲天，扭转乾坤。

武则天大事年表

唐高祖武德七年（624 年）：武则天出生，祖籍并州文水县，她的
　　　　　　　　　　　　　　出生地有利州（今四川省广元市）、长
　　　　　　　　　　　　　　安（今陕西省西安市）、洛阳等说法。
　　　　　　　　　　　　　　父亲武士彟，是唐朝的开国功臣，官
　　　　　　　　　　　　　　至工部尚书，封为应国公。母亲杨氏，
　　　　　　　　　　　　　　出身隋朝皇室。

贞观十一年（637 年）：唐太宗李世民驾幸洛阳宫，召武则天入宫，
　　　　　　　　　　　　封为五品才人，赐号"武媚"。

贞观二十三年（649 年）：李世民驾崩，武则天与部分没有子女的
　　　　　　　　　　　　　嫔妃们一起依照当时的制度，进入长安
　　　　　　　　　　　　　感业寺为尼，与李治的感情藕断丝连。

唐高宗永徽元年（650 年）：唐高宗李治入感业寺进香，与武则天
　　　　　　　　　　　　　　重逢。王皇后想借助武则天争宠，得
　　　　　　　　　　　　　　到李治应允后，将武则天接入宫中。

永徽二年（651 年）：李治的孝服期已满，武则天再度入宫。入宫后不久，武则天便生下儿子李弘。武则天回宫后，迅速获得了李治的宠爱。

永徽三年（652 年）：武则天被拜为二品昭仪。当时王皇后、萧淑妃经常与其争宠。

永徽五年（654 年）：武则天产下长女安定思公主，公主暴毙，嫁祸王皇后，使李治有了废王立武的想法。

永徽六年（655 年）：武则天编写《内训》一书。李治下诏书：以"阴谋下毒"的罪名，将王皇后和萧淑妃废为庶人，囚于别院；她们的父母、兄弟等也被削爵免官，流放岭南，武则天成了皇后，宰相褚遂良因反对此事被外贬。

显庆元年（656 年）：武则天进见宗庙，李治追封其父武士彟为司徒，附祭于唐高祖的宗庙。母亲杨氏也被加

封为代国夫人。武则天撰写《外戚诫》献于
诸朝，解释讥噪。

显庆二年（657年）：高宗李治和武则天移居洛阳，以洛阳为东都。

显庆四年（659年）：武则天与李治达成共识：将长孙无忌、于志
宁、韩瑗、来济等人削职免官，贬出京师。
至此，李治基本实现了君主集权。

显庆五年（660年）：李治风疾发作，头晕目眩，于是武则天开始
参与处理朝政，与高宗并称"二圣"。

龙朔元年（661年）：武则天请禁止天下妇女为俳优之戏（指演滑
稽戏的艺人），李治采纳。李治欲亲征高句
丽，在武则天及群臣劝谏下才作罢。

咸亨三年（672年）：武则天以两万贯脂粉钱，资助僧侣在洛阳龙
门石窟雕刻卢舍那大佛。历时三年九个月后

完成。

上元元年（674年）：李治称天皇，武则天称天后。武则天上建言
十二事，被李治悉数采纳，下诏颁布施行。

上元二年（675年）：李治欲禅位给皇后，准备让武则天摄政，因
宰相郝处俊劝谏，暂时停议。武则天得知后，
召集大批文人学士，大量修书，包括《玄览》
《古今内范》《维城典训》《孝子传》《列女传》
《内范要略》《乐书要录》《兆人本业》《臣轨》
等；且密令这批学者参决朝廷奏议，以分割
宰相的权力，这些人被称作"北门学士"。

永淳二年（683年）：李治来到离宫奉天宫，在嵩山之南，武则天
劝李治封禅中岳，因李治生病而中止。不久，
李治命李显代理国政，宰相裴炎、刘齐贤、
郭正一等人协助理政。从奉天宫回东都洛阳，

李治病情加重，驾崩于洛阳贞观殿，临终遗诏让李显于灵柩前即位，军国大事有不能裁决者，由天后（武则天）决定。李显即位后，尊武则天为皇太后。

唐中宗嗣圣元年（684 年）：李显被武则天废黜为庐陵王，迁于房州。豫王李旦被立为帝，是为唐睿宗。武则天仍临朝称制。徐敬业在扬州举兵反武，不久后兵败被杀。

唐睿宗垂拱元年（685 年）：武则天下诏允许内外九品以上官员和百姓向朝廷自荐。因为睿宗没有实权，垂拱也算作武则天的年号。

垂拱二年（686 年）：武则天还政于李旦，李旦知其非真心诚意，"奉表固让"，于是武则天继续临朝称制，广开言路，下令制造铜匦（铜制的匣子，类似于检举箱、申冤盒），设置于洛阳宫城前，分为延恩、招谏、申冤、通玄四匦，随时接纳天下表疏。为监察宗室与大臣，武则天规定任何人均可告密，形成"酷吏政治"。

垂拱四年（688 年）：博州刺史、琅邪王李冲举兵，豫州刺史、越王李贞起兵呼应。武则天分遣丘神绩、魏崇裕讨伐。李冲起兵七日即败死。李贞兵败自杀。

载初元年（690 年）：东魏国寺僧人法明等撰《大云经疏》，称武则天是弥勒佛化身下凡，应作为天下主人。亦有多方不同身份的人士前来"劝进"，武则天改唐为周，改元天授，登基称帝。群臣为武则天上尊号为"圣神皇帝"。

如意元年（692 年）：推行试官制度。同年改元长寿。

千古女皇武则天：
权谋天下，智驭乾坤

长寿元年（692年）：武则天派大将王孝杰等率军出征西北。收复
龟兹、疏勒、于阗、碎叶四镇，设安西都护
府于龟兹。

长寿二年（693年）：武则天在万象神宫亲自主持祭典，自制宫廷
乐舞《神宫大乐》。武则天加号"金轮圣神皇
帝"，旋即又为其父祖加谥。

证圣元年（695年）：薛怀义因失宠而密烧天堂，延及明堂，致使
二堂俱毁，武则天下诏重建明堂。武则天为
大周万国颂德天枢题词。

万岁登封元年（696年）：重建的明堂落成，号曰"通天宫"。

万岁通天二年（697年）：武则天铸成九鼎。来俊臣欲诬告武氏诸
王及太平公主，又欲诬李旦、李显与南
北衙共同谋反。武氏诸王与太平公主共
同揭发其罪行。武则天亦知天下愤怨，

将其下狱处以极刑，历数其罪状，并没
收其家财。

圣历元年（698 年）：武则天最终决定立李显为皇太子。

神龙元年（705 年）：武则天病重期间，宰相张柬之等人发动"神
龙政变"，拥立中宗复位。武则天被迫退位，
徙居上阳宫。李显复位后为武则天上尊号为
"则天大圣皇帝"。后崩逝于上阳宫，遗诏去
帝号，以"则天大圣皇后"身份与高宗合葬
于乾陵。

后 记

华夏五千年文明史，帝王将相如过江之鲫，不计其数。但一众封建帝王中，大多数碌碌无为，并没有在华夏历史上留下更多的印记，只有如横扫六合的"千古一帝"秦始皇，"大风起兮云飞扬"的汉高祖刘邦，"犯我大汉者虽远必诛"威武霸气的汉武帝，开创"贞观之治"的唐太宗李世民等少数封建帝王令人印象深刻。

一代女皇武则天，作为一名弱女子，却能在众多男性帝王中脱颖而出，以中国历史上独一无二的"女皇"角色名垂千古，其治国理政的手腕和谋略不输七尺男儿，为后世留下无数谈资，其富有传奇性色彩的一生，足以令人心生敬仰。

其实在最初，武则天拿到手中的"人生剧本"并非最出色的，她生于商贾之家，早年父亲病逝，和母亲杨氏在兄弟亲族的欺凌下忍辱偷生。生活上的艰辛和磨难，促使武则天发愤图强，私下里不仅努力补习文化知识，还勇于抓住机会，入宫当选秀女。

入宫之后，武则天一路走来也是充满了坎坷波折，先是李世民病逝，她被发配感业寺，想尽办法赢得高宗的注意重新入宫后，又遭受来自王皇后、萧淑妃的联手打压，其间的种种重压和不易，恐怕也只有武则天自己才能说清楚。在经过无数宫廷斗争后，武则天顺利上位，她和李治从伉俪情深转为政治同盟的关系，一起将关陇势力瓦解，开启了"二圣临朝共治"的局面。

高宗死后，武则天为了向皇帝的宝座发起冲击，在赢得一连串权谋斗争之后，成功地代唐立周，开启属于她的"武周时代"，将女皇的传奇演绎到了极致。

纵观武则天的一生，她集美貌、智慧于一身，工于心计，又有着超强的领导力和卓越的洞察力，她做事果断干练，始终紧盯王朝兴衰成败的大业，励精图治，兢兢业业，在朝野上下有着无穷的人格魅力，令无数大丈夫为之折服。

从才女到女皇，武则天的是非功过很难有一个确切的定论，就如同她和高宗合葬的乾陵前放置的那通无字碑一般，不写一字，不着一语，是杰出帝王，还是暴虐女皇？是不念亲情，还是另有苦衷？是雄才大略，还是精于算计……所有的恩恩怨怨、是是非非都已成为岁月的过往，好与坏、功与过任由世人评说。

参考文献

[1] 北溟玉 . 唐高宗李治传 [M]. 北京：北京时代华文书局，2020.

[2] 崔旭 . 女皇武则天秘史 [M]. 北京：当代世界出版社，2011.

[3] 樊英峰 . 乾陵文化研究 [M]. 西安：三秦出版社，2016.

[4] 胡戟 . 女主临朝：武则天的权力之路 [M]. 长沙：岳麓书社，2024.

[5] 纪陶然 . 隋唐风云 . 第二卷 [M]. 北京：中国工人出版社，2022.

[6] 蒋焱兰，刘明军 . 武则天无字碑之谜 典藏版 [M]. 北京：中国文史出版社，2023.

[7] 李琳，李麟 . 成功权谋 [M]. 呼和浩特：内蒙古人民出版社，2009.

[8] 李晓鹏 . 帝制与盛世：汉唐明的时代：公元 1500 年之前 [M]. 成都：天地出版社，2023.

[9] 刘昫 . 旧唐书人物全传 [M]. 北京：北京时代华文书局，2015.

[10] 刘昫 . 旧唐书 [M]. 北京：中华书局，1975.

[11] 蒙曼 . 武则天 [M]. 杭州：浙江教育出版社，2021.

[12] 孟宪实 . 武则天研究 [M]. 成都：四川人民出版社，2021.

[13] 牛致功，赵文润 . 隋唐人物述评 [M]. 西安：陕西师范大学出版社，1989.

[14] 欧阳修，宋祁 . 新唐书 [M]. 北京：中华书局，1975.

[15] 司马光 . 资治通鉴 [M]. 北京：中华书局，2023.

[16] 司马迁 . 二十四史精华 [M]. 沈阳：万卷出版公司，2009.

[17] 宋可书 . 武则天传 [M]. 北京：台海出版社，2017.

[18] 宋璐璐 . 中国历代皇后 [M]. 北京：团结出版社，2016.

[19] 王福生，马廷旭 . 陇上学人 [M]. 兰州：甘肃人民出版社，2023.

[20] 王洪军 . 武则天评传 [M]. 济南：山东大学出版社，2010.

[21] 王双怀 . 日月当空 [M]. 西安：陕西人民出版社，2019.

[22] 王振芳 . 武则天传 [M]. 太原：北岳文艺出版社，2020.

[23] 谢国计 . 不忍细读的大唐史 [M]. 北京：台海出版社，2022.

[24] 杨钟贤 . 中华名史集成 [M]. 天津：天津古籍出版社，1998.

[25] 易中天 . 女皇武则天 [M]. 杭州：浙江文艺出版社，2016.

[26] 喻岳衡 . 则天皇后 [M]. 长沙：岳麓书社，1994.

[27] 张家林．二十五史精编 [M]．北京：中国戏剧出版社，2007.

[28] 张建安．解读皇帝遗嘱密码 [M]．天津：天津古籍出版社，2009.

[29] 张鲁．武媚娘秘史 [M]．北京：中国社会出版社，2011.

[30] 赵嘉盟．武则天传 [M]．北京：中国纺织出版社，2023.

[31] 赵文润．武则天传 [M]．西安：西安出版社，2007.

[32] 周国林．资治通鉴：注释本 [M]．长沙：岳麓书社，2010.